As Leis do Sucesso

As Leis do Sucesso

Um Guia Espiritual para Transformar suas Esperanças em Realidade

RYUHO OKAWA

Autor com mais de 100 milhões de
livros vendidos no mundo todo

Ⓡ IRH Press do Brasil

Copyright © 2019 Ryuho Okawa
Edição original © 1988 publicada em japonês: *Gendai Seikou Tetsugaku* por Tsuchiya Shoten em dezembro de 1988 e reeditada como *Seikou No Hou* pela IRH Press Co., Ltd. em setembro de 2004.
Edição em inglês © 2017 *The Laws of Success – A Spiritual Guide to Turning Your Hopes Into Reality*
Tradução para o português: Happy Science do Brasil
Coordenação editorial: Wally Constantino
Revisão: Laura Vecchioli e Agnaldo Alves
Capa: Maurício Geurgas
Imagem de capa: IRH Press USA Inc.

IRH Press do Brasil Editora Limitada
Rua Domingos de Morais, 1154, 1º andar, sala 101
Vila Mariana, São Paulo – SP – Brasil, CEP 04010-100

Todos os direitos reservados.
Nenhuma parte desta publicação poderá ser reproduzida, copiada, armazenada em sistema digital ou transferida por qualquer meio, eletrônico, mecânico, fotocópia, gravação ou quaisquer outros, sem que haja permissão por escrito emitida pela Happy Science – Ciência da Felicidade do Brasil.

ISBN: 978-85-64658-46-2

Sumário

Prefácio 9

CAPÍTULO 1

O que é o verdadeiro sucesso?

Uma vida atraente 13
Uma atitude feliz e despreocupada 17
Um coração amoroso 20
O sentido do eterno 23
A jornada para o sucesso 28

CAPÍTULO 2

As condições para uma vida bem-sucedida

Alegria da alma 37
Uma aura de nobreza 41
Confiar em ter sucesso 47
Em tempos de desespero, defina metas simples 52
A coragem de seguir adiante 55

CAPÍTULO 3

Os segredos de uma vida bem-sucedida

Cultivar uma vida alegre 61
O sorriso é proporcional ao esforço 65
Utilizar palavras positivas..69
Ver o lado positivo de cada situação 73
Acreditar que há infinitas possibilidades 80

CAPÍTULO 4

Os pontos-chave para o sucesso nos negócios

Respeitar seus superiores 89
Amar seus subordinados 92
Produzir dez vezes mais do que aquilo que recebe 94
Aproveitar ao máximo seus pontos fortes 99
Melhorar sempre 102
Ampliar sua visão da vida.. 105
Devotar-se ao Divino 107
Deixar um legado espiritual...110

CAPÍTULO 5

O caminho para a prosperidade econômica

O que é atividade econômica? 115

O que é valor? 117
"Valor verdade" e "valor utopia" 119
O que é prosperidade econômica? 122
Prosperidade atrai prosperidade... 124
As quatro condições para a verdadeira prosperidade 127

CAPÍTULO 6

O pensamento orientado para o desenvolvimento

O poder milagroso do pensamento 133
Manifeste seus pensamentos 137
O poder das imagens positivas... 139
O pensamento orientado para o desenvolvimento 143
A fórmula secreta que transforma seu olhar negativo
em positivo... 146
A busca do desenvolvimento infinito 150

CAPÍTULO 7

A autorrealização suprema

O que é a autorrealização? 157
Três métodos para alcançar a autorrealização 159
Como funciona a autorrealização 162
Armadilhas a evitar no caminho da autorrealização 165
Autorrealização avançada 168
Qual é a nossa autorrealização suprema? 171

CAPÍTULO 8

A filosofia do sucesso moderno

Novos desenvolvimentos na filosofia do sucesso................... 177
Desenvolver o caráter 180
As capacidades necessárias para a liderança 183
As qualidades de um dono de negócio bem-sucedido........... 188
Retribuir o amor que recebemos 191
Personificar o amor 192

Posfácio 197
Sobre o autor 199
Sobre a Happy Science.. 203
Contatos... 205
Partido da Realização da Felicidade 208
Universidade Happy Science... 209
Filmes da Happy Science 212
Outros livros de Ryuho Okawa.. 215

Prefácio

Em 1988, aos 32 anos de idade, publiquei a primeira edição japonesa desta obra por uma editora chamada Tsuchiya Shoten. O título era *A Filosofia do Sucesso Moderno: A Bíblia para o Homem de Negócios de Elite*. Dois anos antes eu havia fundado a Happy Science, e desde então ganhara grande reconhecimento do público. Na realidade, nunca li outro livro que oferecesse uma filosofia de sucesso tão abrangente como a que apresento aqui. Por essa razão, e uma vez que seus tópicos o tornam apropriado como continuação da série Leis que publicamos todos os anos no Japão, acrescentei-o em 2004 como o nono volume desta série.

A passagem do tempo não diminuiu a relevância desta obra. Na realidade, com o passar do tempo as palavras destas páginas tornaram-se ainda mais universais e esclarecedoras. Desde sua publicação, suas ideias alçaram voo e elevaram a Happy Science ao nível das religiões mundiais. O primeiro lançamento já prognosticava minhas realizações, e hoje elas validam minha filosofia e deixam claro que não se trata de uma teoria vazia.

Este livro apresenta de modo assertivo uma série de princípios para obter sucesso tanto individual como organizacional. Se você ler este livro aos 20 ou 30 anos de idade, com certeza terá notável sucesso na vida, por isso incentivo entusiasticamente que estude esse material a fundo. Os leitores na faixa dos 40 ou 50 anos de idade, e os mais velhos ainda, podem de início sentir uma pontada de arrependimento, e depois um pouco de remorso. Mas não devem se deixar abater, porque o restante de sua vida ainda guarda possibilidades de crescimento. Ainda há tempo para você alcançar o sucesso, sobretudo se estiver numa posição gerencial, se trabalhar como executivo de negócios, sustentar sua família ou for uma mãe dedicada à criação dos filhos.

É provável que, ao ler estas páginas, você sinta que são percorridas pela confiança de um jovem gênio. Se hoje, aos 48 anos[1], eu deparasse comigo, da maneira como era naqueles dias, não tenho dúvidas de que ficaria muito comovido e impressionado. Sinto orgulho por ter escrito um livro como este, destinado a se tornar um clássico, quando tinha apenas 32 anos de idade, e também por ter crescido com ele em mãos. É meu sincero desejo que meus leitores o consultem muitas vezes ao longo da vida.

Ryuho Okawa

---

[1] Prefácio escrito em 2004.

Capítulo 1

O que é o verdadeiro sucesso?

• O QUE É O VERDADEIRO SUCESSO? •

Uma vida atraente

Se você escolheu ler este livro sobre o sucesso e como obtê-lo, é provável que em algum momento tenha imaginado o tipo de vida que gostaria de ter e refletido bastante sobre o tema. Talvez tenha descoberto que, por mais que se esforce para descobrir uma fórmula, a vida se apresenta de tal modo que a resposta fica cada vez mais difícil de encontrar. E talvez sinta também que, quanto mais mergulha na questão, mais aspectos surgem para ser compreendidos.

Em nosso esforço para entender o que significa ter sucesso na vida, o que mais nos preocupa é, em última instância, como será a descrição do resultado final de nossa existência. A pergunta que deveria ser feita é: ao fazer um retrospecto de nossa vida, que palavra gostaríamos que aparecesse com maior frequência na nossa mente?

Por exemplo, se para definir como foi a sua vida você escolhesse a palavra *infeliz*, este adjetivo por si só já seria suficiente para impregná-la de infortúnio e deixá-la sombria e triste. Ao contrário, uma palavra de significado oposto, como *feliz*, evoca imagens positivas e uma jornada prazerosa ao longo da vida.

Nessa busca para compreender a essência de uma existência bem-sucedida, acredito que seja adequado atribuir à *vida* o adjetivo *atraente*. Se eu procurar as qualidades da vida pelas quais meu coração se sente naturalmente atraído, isso acabará me levando à essência do sucesso.

O que torna a vida atraente? Hoje em dia há milhares de livros sobre formas de alcançar sucesso. A noção que eles transmitem de uma vida atraente parece basear-se em despertar a inveja daqueles que estão à nossa volta. Mas, depois de ler vários deles, essa ideia me deixou cético. Minha sensação é que a vida daqueles que exercem um profundo apelo em nós causa-nos impacto de muitas outras maneiras, e não apenas estimulando nossos desejos ou nossa curiosidade. Essa busca levou-me a identificar três pilares fundamentais.

O primeiro pilar é a *originalidade*. Para ter uma vida atraente é importante utilizar nosso tempo na Terra de um modo que seja único e autêntico, a fim de que possamos dizer com confiança que aquilo que estamos levando adiante é de fato nossa vida.

O segundo pilar é a *pura alegria*. Nossa vida deve nos propiciar um sentimento de legítimo orgulho e de pura alegria, e ser uma jornada com sentido e propósito, que crie uma sensação de verdadeira realização. Ela precisa ser preenchida por muitos momentos de prazer e felicidade, e esses momentos devem repetir-se com frequência.

O terceiro pilar é a sensação de estarmos dando uma *contribuição nova*. Precisamos sentir que nossa vida acrescenta algo novo e diferente ao mundo, e que nesta vida somos capazes de deixar um presente excepcional para o mundo.

Quando considero esses três pilares e penso nos elementos que tornam a vida atraente, chego a uma verdade fundamental a respeito da essência da vida e sobre quem somos na realidade. A tendência bastante disseminada na nossa era moderna é acreditar numa noção limitada da vida humana. Muitas pessoas no mundo atual acreditam que você vive apenas uma vez e que depois tudo acaba.

Talvez você ou alguns conhecidos seus tenham passado a vida toda seguindo esse pensamento, como sendo algo simplesmente natural e uma verdade evidente por si só. Mas fico perplexo com a ampla aceitação dessa crença. Afinal, o que há de sedutor em acreditar que iremos morrer para sempre ao chegar ao final da nossa existência como mortais? Nunca consegui compreender isso. Não costumo pressionar ninguém a aceitar aquilo que eu pessoalmente considero como verdade; no entanto, ao final de um dia, mesmo se nos limitarmos a avaliar apenas os benefícios e as desvantagens, os benefícios de acreditar que nós humanos temos uma vida eterna serão muito maiores do que as desvantagens. Acreditar numa vida eterna é algo que sem dúvida nos ajuda a ter uma vida mais plena e satisfatória.

Eu sigo o ensinamento atemporal dos santos e sábios do passado, que não se cansavam de repetir e ensinar à humanidade a verdade acerca da natureza eterna da alma humana. E também creio que somos abençoados, em mais de uma oportunidade, com uma vestimenta mortal que nos permite empreender uma jornada neste mundo.

Como acredito nesses princípios e sei que minha essência irá viver para sempre, sou capaz de encontrar sentido e propósito nesse tempo que estou vivendo aqui neste mundo. Pelo fato de acreditar que minha verdadeira essência continuará existindo pela eternidade, não sinto desejo de viver apenas para mim mesmo. Ao contrário, prefiro seguir minha verdadeira paixão, que me convida a viver a serviço dos outros. Assim, saber que nossa vida nunca irá terminar inspira-nos a torná-la realmente atraente e significativa.

Quando levamos em conta os três pilares de uma vida atraente a partir da perspectiva de nossa vida eterna, fica claro que a tarefa mais importante é confiar em nossa única essência interior, e então descobrir, inventar e conceber coisas que tenham valor para o mundo. Nosso verdadeiro propósito é criar algo inovador e original para enriquecer a vida daqueles que vivem nesta nova era.

Espero que você compartilhe esse meu desejo de conceber e criar coisas de valor para este mundo que temos pela frente.

Uma atitude feliz e despreocupada

Talvez não seja preciso procurar muito para encontrar pessoas bem-sucedidas em criar vidas atraentes. Mas percebi que são poucas as que despertam em mim uma genuína inveja e admiração. E são aquelas que, além de levar uma vida atraente, conseguem também manter uma atitude radiante e tranquila.

O que essas pessoas têm que lhes permite ter paz e viver com equilíbrio? O que dá a elas esse ar feliz e despreocupado? Qual é o segredo? E por que essa qualidade nos parece tão maravilhosa e atraente?

As pessoas que possuem uma atitude feliz e despreocupada revelam duas características admiráveis. Primeiro, viver com uma atitude feliz e despreocupada permite manter uma sensação interior de serenidade. A capacidade de preservar nossa calma e nosso equilíbrio, não importa o que surja em nosso caminho, realmente vale seu peso em ouro. O que acaba criando infelicidade são as oscilações extremas da mente – os altos e baixos das nossas emoções, que uma hora nos levam às alturas de tanta alegria e no instante seguinte nos fazem cair na maior tristeza. Quando somos capazes de enfrentar emoções tumultuadas e encontrar quietude em nossa mente, podemos desfrutar plenamente da felicidade de uma paz interior, que se assemelha às suaves e plácidas ondulações de um vasto oceano.

O segundo traço admirável das pessoas com uma atitude feliz e despreocupada é que elas nunca agridem os outros ou lhes causam mágoa. Não me lembro de ter visto nenhuma vez uma pessoa feliz se comportar de maneira rude com os outros. Sempre que vejo alguém ter um comportamento nocivo, isso confirma na minha mente que o segredo para tornar nosso mundo um lugar melhor é aumentar o número de indivíduos que tenham um coração feliz.

Aqueles que têm alegria no coração possuem uma qualidade importante, que faz com que nunca prejudiquem os outros: a capacidade de relevar. Nem todos os nossos conhecidos compartilham os mesmos gostos e aversões que nós. O mesmo pode ser dito com relação às nossas visões pessoais e ideias: às vezes, no decorrer de uma conversa, uma pessoa pode se recusar a concordar com nossos pensamentos e opiniões. Nessas horas, as pessoas que adotam uma atitude feliz e positiva são capazes de lidar com essa tensão, simplesmente deixando que ela passe e vá embora. Têm o cuidado de não receber as diferenças como uma ofensa pessoal ou levá-las a sério demais. Fazem o melhor possível para não se alterar e para não dar importância excessiva a essas coisas. Ou seja, uma atitude feliz nos dá o poder de tornar a vida de todo mundo muito mais agradável.

Se quisermos cultivar uma atitude feliz, a chave é encarar todos os dias com gratidão. A vida pode nos parecer uma jornada muito longa, mas, se olharmos bem, ela é na realidade um acúmulo de dias, um após o outro. Nossa vida, portanto, depende de vivermos cada dia com uma atitude feliz e despreocupada. Isso significa que não devemos nos prender às contrariedades e insatisfações que tenhamos sentido naquele dia, ou àquelas que se estendam por dois, três dias, seis meses ou até aos problemas que tivemos há um ano, pois, se fizermos isso, nunca daremos à nossa mente a liberdade de ser positiva e tranquila.

Devemos nos esforçar para resolver nossos problemas dentro do âmbito de cada dia. Desse modo, não teremos motivo para arrastar nenhuma contrariedade ou insatisfação para o dia seguinte. Esse é o segredo para preservar nossa tranquilidade e nosso equilíbrio um dia após o outro e ao longo de toda a vida. Manter uma mente feliz e despreocupada diante das dificuldades e discordâncias da vida faz parte do desafio e do propósito da jornada humana.

Um coração amoroso

Se você se parece comigo, talvez também tenha gasto algum tempo examinando livros que tratam de como alcançar o sucesso. Esses livros oferecem um conhecimento útil que inclui histórias de sucesso pessoal, teorias sobre o sucesso e sugestões de como proceder. Mas a maioria não fala de um elemento essencial para o verdadeiro sucesso, sem o qual nossas realizações revelam-se superficiais. Esse elemento é o amor.

Os sinais exteriores e visíveis de progresso, como a riqueza, o lucro, o crescimento e a expansão de uma empresa comercial, ou o fato de subir na hierarquia de uma empresa, são sem dúvida componentes essenciais do sucesso. Mas acredito que o verdadeiro sucesso envolve muito mais do que essas realizações exteriores. Um componente vital é o amor. Sem amor, o sucesso não é verdadeiro. Sem amor para nos guiar, não podemos proporcionar a verdadeira felicidade à humanidade, nem saber quais são as necessidades que devemos atender para levar alegria aos outros.

Será que você pode realmente sentir orgulho de suas realizações se percebe que elas causam aos outros apenas decepções e infelicidade? Você poderá se sentir realmente satisfeito se for o único a desfrutar das recompensas? Os resultados exteriores são a única coisa de que você precisa para se sentir verdadeiramente bem-sucedido?

Na minha visão, o sucesso deve nascer de um coração que vibra com amor e compaixão. O chamado sucesso que é carente de amor, é também desprovido de sucesso de verdade.

O importante é que você cultive de modo constante e permanente um coração amoroso. Com o tempo, esse coração amoroso irá ajudá-lo a trazer sempre coisas boas para o mundo, conforme esse amor tocar e inspirar um número cada vez maior de pessoas.

Quais são as qualidades de um coração amoroso? E o que podemos fazer para descobrir nossa fonte interior de amor, para que nosso sucesso se torne autêntico e real?

Um aspecto essencial do coração amoroso é ter sempre um interesse genuíno e uma boa disposição em relação às pessoas. Essa é uma qualidade comum a todos aqueles que são de fato bem-sucedidos. Para amar de verdade a humanidade, devemos ter um desejo inesgotável de compreender da melhor maneira possível as pessoas e a sociedade. Para sentir amor e compaixão verdadeiros por aqueles que nos cercam, precisamos cultivar nossa capacidade de percebê-los em profundidade.

O segundo aspecto importante de um coração amoroso é a profunda introspecção e o autoconhecimento. Saber quem você é de fato e trazer à tona seus aspectos mais significativos é indispensável para manter um coração amoroso.

Para amar os outros de verdade precisamos ter descoberto nossas melhores qualidades. Precisamos saber reconhecer os aspectos mais positivos de nossa alma para sermos capazes de descobrir esses aspectos também na alma dos outros.

Quando conseguimos olhar para nós mesmos de maneira positiva e com sensibilidade, aprendemos a olhar os outros com a mesma disposição de compaixão e benevolência. Por isso, saber quem você realmente é torna-se muito importante para poder cultivar um coração amoroso.

O terceiro aspecto de um coração amoroso é o desejo constante de aumentar o tamanho do amor. Nesse sentido, o progresso é intrínseco ao amor. O verdadeiro amor nunca está de fato satisfeito com pequenos atos de boa vontade ou com pequenas realizações, porque, pela própria natureza, ele nunca sente que fez realmente tudo o que podia fazer pelos outros. O verdadeiro amor mantém um desejo de avançar e progredir mais naquilo que é capaz de oferecer.

Em resumo, cultivar um coração amoroso é continuar descobrindo cada vez mais aspectos significativos a respeito de si. É cultivar o maior número possível de relacionamentos significativos com aqueles ao seu redor, descobrindo e nutrindo as extraordinárias qualidades que eles têm dentro deles. E, por fim, nunca deixar que essa disposição cesse.

O sentido do eterno

Até aqui, mencionei as qualidades que caracterizam as pessoas que estão bem próximas de alcançar o sucesso: elas são talentosas e possuem uma vida atraente, têm uma disposição feliz e arejada e mostram sempre um coração amoroso.

Agora, porém, gostaria de descrever o que vamos encontrar com o sucesso. Quando faço uma análise sobre o sucesso, penso numa das coisas que ele deveria sempre trazer: um permanente sentido do eterno.

Não importa o quanto você se esforce para progredir em seu trabalho e em sua carreira, cultivando o crescimento pessoal e seus relacionamentos: se esses esforços não trouxerem um sentido do eterno, poderão se revelar frágeis e superficiais.

Por exemplo, podemos colocar todo o nosso empenho no trabalho ou em outros assuntos, um dia após o outro, mas eu me pergunto: quantos de nós acreditam que o propósito que sustenta nossas atividades nos dá esperanças de algo eterno? Por acaso você vê ou sente momentos fugazes de algo eterno durante o tempo que dedica ao trabalho?

Se não, então mesmo que alcance o sucesso, seu coração irá encará-lo como algo frágil e sem consistência. Por isso a palavra *eterno* é tão vital para o verdadeiro sucesso. Mesmo que você considere que alcançar a felicidade equivale ao sucesso, a felicidade será percebida como algo frágil se não trouxer a sensação do eterno.

E o que é preciso fazer para manter essa sensação permanente do eterno? As experiências do eterno não são comuns de acontecer, para dizer o mínimo. São momentos em que experimentamos o divino e que chegam a nós de modo inesperado. São sentimentos que não dependem de nossa vontade consciente para serem alcançados – como, aliás, gostaríamos que fossem. São vislumbres fugazes do mundo da eternidade que captamos em meio aos nossos constantes esforços cotidianos.

Será que existe algo que possamos fazer para atrair esses momentos de eternidade? Existe, sim, uma condição básica que nos ajuda a manter um sentido do eterno: saber para que serve todo o nosso esforço cotidiano.

A palavra *eterno*, acredito eu, tem afinidade com a palavra *Deus*. E, ao pensar na natureza eterna de Deus, obtemos uma compreensão da natureza eterna da vida humana e, portanto, de nosso propósito eterno.

Nós, seres humanos, chegamos a este mundo vindos da eternidade – de Deus – e nosso destino é voltar à eternidade no devido tempo. Esse universo original da eternidade é um mundo do qual a nossa verdadeira essência fez parte desde sempre. Portanto, este mundo físico, evanescente, pode nos dar uma sensação de futilidade e desesperança.

Quando sentimos essa vacuidade, o que podemos fazer para preencher o vazio? É difícil obter um sentido de eternidade e ter vislumbres da vida eterna quando, na realidade, estamos confinados à vida física do presente. É também uma tarefa monumental tentar, dentro dessas circunstâncias, criar um legado que vá de fato durar para sempre.

A resposta que os antigos e toda a humanidade ao longo da história têm encontrado é a *imortalidade*. Ninguém jamais conseguiu achar uma maneira de viver eternamente neste mundo, mas nossos predecessores descobriram várias maneiras de deixar legados que resistiram ao teste do tempo, perdurando depois de eles terem deixado este planeta.

Ao longo da história, nós humanos temos colocado nossa vida e nossa paixão nesse anseio de transcender a morte. Esse desejo humano básico foi a força que nos inspirou a erguer imponentes monumentos que resistem até hoje, a pintar obras-primas que continuam a ornamentar nossos salões e a legar um vasto acúmulo de conhecimento que nutre novas mentes a cada dia. Todos os feitos notáveis do esforço humano decorrem desse simples desejo de transcender nossa existência mortal, de nos libertarmos dos limites do tempo e da existência corpórea, e nos elevarmos aos céus da eternidade.

Hoje, esse desejo de imortalidade continua assentado dentro de nós, e o expressamos por meio de novos esforços, por exemplo, criando empresas corporativas e trabalhando para fazê-las crescer e prosperar. Não temos a expectativa de que as corporações durem para sempre, mas nos esforçamos para mantê-las vivas o quanto possível, construindo sólidos alicerces que prometam continuidade. Seguimos acreditando que a perpetuação de nossas empresas seja um sinal de progresso e desenvolvimento pessoais.

Como podemos constatar a partir de todos os triunfos do esforço humano que vemos por toda parte à nossa volta, a humanidade nunca parou de perseguir novas maneiras de expressar nosso puro desejo pelo eterno, e ele tem sido o catalisador de todos os nossos grandes feitos e realizações.

Em última análise, essa busca constante do eterno é essencial para o sucesso humano. A razão pela qual nunca fomos capazes de abrir mão desse desejo permanente de alcançar a eternidade está, essencialmente, na natureza inatingível da eternidade. Desejamos captar e entender o mundo que fica além da compreensão humana, o universo que está além do alcance de nossa mortalidade, porque sabemos que nunca seremos capazes de alcançá-lo plenamente, e é em sua evanescência que encontramos seu valor eterno. É por isso que nada pode se comparar ao seu valor insondável. Por isso, sei que nos momentos em que temos a sensação do eterno, o sucesso está bem próximo de ser alcançado.

Sabemos agora que uma vida verdadeiramente bem-sucedida decorre de perseguir o que nos atrai, de cultivar um coração que seja feliz e arejado e cheio de amor, e de manter um sentido do eterno. Mas o que exatamente é o sucesso? Eu o descrevo com as seguintes palavras:

> *O sucesso é crescimento eterno.*
> *O sucesso é progresso eterno.*
> *O sucesso nasce da paixão eterna.*
> *O sucesso decorre da coragem eterna.*
> *O sucesso é fruto do esforço eterno.*
> *O sucesso cria valor eterno.*

A jornada para o sucesso

Sempre que penso profundamente na questão do sucesso lembro-me da história a seguir.

Certa vez, numa terra distante, um pobre viajante andava à procura de trabalho. Um dia, ele chegou a uma pequena e idílica vila, e dizia a todos que encontrava: "Vim para cá procurando uma carreira que me torne um homem de sucesso. Há aqui nesta cidade algum emprego muito bom que irá me ajudar a ser bem-sucedido?". Ele conversou com o maior número possível de pessoas, mas todos que abordava davam-lhe a mesma resposta. Diziam: "Não sei bem o que você entende exatamente por sucesso. Todos nós nesta cidade levamos uma vida muito simples. Levantamos com o sol todas as manhãs e vamos direto para os campos, onde passamos o dia inteiro trabalhando. Nossa tarefa é semear, irrigar o solo e cuidar dos nossos cultivos. Depois, quando o sol começa a se pôr, voltamos para casa para jantar e passamos um tempo com a família. E, por fim, vamos para a cama dormir. É assim que vivemos há gerações. Por isso, nunca pensamos em procurar um emprego que nos tornasse bem-sucedidos, e pela mesma razão nunca pensamos no que significa alcançar o sucesso. Você poderia nos explicar o que quer dizer com um emprego muito bom e que possa torná-lo bem-sucedido?".

O pobre viajante respondeu: "Ser bem-sucedido significa ter tanto destaque em sua carreira que as suas realizações atraem a inveja e a aclamação daqueles que estão à sua volta". As pessoas da cidade reuniram-se para discutir o pedido de ajuda do viajante. Ao final da reunião, responderam: "É provável que você não consiga encontrar aqui exatamente o que procura. Mas há uma cidade depois dessas montanhas, da qual alguns de nós ouvimos falar, onde talvez você encontre o tipo de sucesso que está procurando".

Então, o viajante saiu daquela vila bucólica rumo à cidade dos bem-sucedidos, que ficava atrás das montanhas. Sua jornada foi longa e cheia de perigos. Durante o dia, passava fome e sofria com o calor abrasador. À noite, o frio intenso e os uivos de animais selvagens perturbavam seu sono.

Mas ele continuou em frente. Atravessou rios, subiu montanhas e escalou picos, até que finalmente chegou ao seu destino. Quando entrou na cidade dos bem-sucedidos, não conseguia conter sua alegria. O lugar parecia moderno e absolutamente magnífico. Ele sentiu que ali, sim, iria encontrar o sucesso que tanto desejava.

Perguntou às pessoas que estavam no portão de entrada se poderiam apresentá-lo à pessoa que governava a cidade, e elas o levaram até o prefeito. O homem era de fato a própria imagem da riqueza e do sucesso. Rechonchudo, imponente, usava um elegante bigode e roupas muito refinadas.

Quando o viajante se sentou diante do prefeito, este ficou um tempo estudando-o e depois disse, com um brilho nos olhos: "Senhor, como já deve saber, nossa cidade é uma comunidade de pessoas bem-sucedidas. Só os que alcançaram sucesso têm permissão de viver aqui. Mas, pelo que posso ver, o senhor, além de estar vestindo farrapos, também não tem um tostão no bolso e aparenta estar completamente exausto. Fica óbvio que está em péssimas condições. Sinto dizer-lhe, mas não posso aceitá-lo na nossa cidade".

O viajante, pego de surpresa, objetou: "Senhor prefeito, por favor, reconsidere sua decisão. Cheguei à sua cidade porque gostaria de ser bem-sucedido aqui. Será que é algo realmente importante que eu já seja alguém bem-sucedido neste exato momento? Não seria mais importante considerar se tenho condições de ser bem-sucedido no futuro?".

O prefeito, de novo com um olhar cintilante, observou bem os olhos do viajante e disse: "Se você pudesse se ver no espelho, constataria que sua apa-

rência é a de alguém que não veste roupas limpas e não comeu nada, nem descansou. Deixe-me pedir-lhe, senhor, que considere uma questão importante. Acredita que o sucesso é algo que pode ser alcançado da noite para o dia? Antes de iniciar sua jornada pelas montanhas, o senhor deve ter passado por uma vila de pessoas que levam uma vida muito feliz. Quando encontrou esses aldeões, não notou nada diferente neles que pudesse tê-lo feito aprender algo? Diga-me, o que passou pela sua cabeça quando esteve com aqueles felizes aldeões?". O viajante respondeu: "Eu descobri que os moradores daquela vila levavam uma vida muito feliz. Mas percebi também que não mostravam ter nenhuma preocupação com o sucesso. Foi por isso que segui adiante na minha jornada em busca dessa cidade dos bem-sucedidos. Precisei atravessar muitas montanhas formidáveis para chegar a este lugar. Espero que o senhor e a sua cidade me aceitem em sua comunidade".

Quando o viajante terminou sua justificativa, o prefeito respondeu: "Nesse caso, gostaria que me ouvisse com muita atenção. Para começar, preciso explicar-lhe que aqueles que são bem-sucedidos têm, pela própria natureza, muita vontade de fazer amizade com outros homens e mulheres realizados, mais bem-sucedidos do que eles. E também faz parte de sua natureza distanciarem-se de pessoas que podem trazer-lhes infortúnios e pobreza". O prefeito continuou: "Fica claro que você andou equivocado com sua ideia de sucesso. Para se tornar membro de nossa cidade, o primeiro passo que deveria ter dado era usar a oportunidade na vila para dar início a uma vida melhor, mais próspera. Nós o teríamos acolhido bem, sem dúvida, se tivesse feito o esforço de trabalhar e ganhar o suficiente para comprar roupas adequadas, recuperar a saúde e chegar aqui nas melhores condições possíveis. Mas você não fez isso. Ignorou os esforços básicos esperados de todos os seres humanos. Nenhum de nós nesta cidade alcançou o sucesso de uma hora para outra. Acreditar nisso é acreditar que as montanhas que você cruzou podem ser atravessadas num único dia. Seu primeiro objetivo deveria ter sido construir uma vida feliz e próspera na vila. Se tivesse feito isso, acabaria acumulando os meios para viajar e alcançar um sucesso ainda maior. Mas, como não se preocupou em fazê--lo, não está apto a se juntar à nossa comunidade".

A moral dessa história é que devemos iniciar nossa jornada partindo das nossas circunstâncias atuais, e começar construindo sucessos que estejam dentro do nosso alcance. Só depois que tivermos conseguido esse sucesso básico é que estaremos realmente prontos para um sucesso maior. Podemos sonhar em ficar ricos de uma hora para outra e ter a tentação de procurar uma maneira de alcançar o sucesso da noite para o dia. Mas se, por exemplo, nossa família está numa situação desesperadora, se nos esquecemos de nos aprimorar, ou se nos falta paixão por nosso trabalho, então provavelmente teremos o mesmo destino do nosso pobre viajante: o mundo dos bem-sucedidos não irá nos aceitar, não importa quantas montanhas e rios tenhamos atravessado para chegar até ele.

Toda vez que me lembro dessa história sinto muita vontade de contar ao maior número possível de pessoas que os bem-sucedidos estão sempre ansiosos para fazer amizade com aqueles que também são bem-sucedidos, e ficam com receio de se associar àqueles que não o são. Espero sinceramente que você leve em conta essa sabedoria, como eu fiz a minha vida inteira, e que a mantenha sempre perto do seu coração em sua jornada para o sucesso.

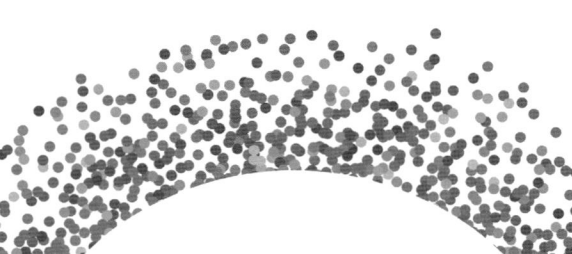

Capítulo 2

As condições para uma vida bem-sucedida

Alegria da alma

Neste capítulo, vou discutir as três condições para alcançar o sucesso: cultivar a nobreza, a confiança e a coragem. No entanto, há uma premissa que antecede esses atributos, tão essencial que, se não estiver presente, será impossível obter sucesso. Trata-se de sentir a alegria da alma.

Mas o que é esse sentimento? A "alegria da alma" é o puro prazer que emana do fundo de seu coração. Às vezes, é também aquele profundo prazer que nos faz tremer de contentamento. Fico imaginando quantas pessoas neste mundo já tiveram a oportunidade de experimentar essa alegria. Não posso deixar de observar que, nesta nossa era moderna, a maior parte delas parece passar pela vida sem nunca ter tido uma verdadeira alegria espiritual.

Muitos de nós, hoje em dia, gostamos de entretenimentos como ver filmes, ir ao teatro e frequentar eventos esportivos. Embora a diversão proporcionada por essas atividades ofereça um nível de alegria superficial, chegamos a um ponto em que dependemos delas como nossa única fonte de excitação – a única maneira de nos sentirmos tocados por emoções. Isso pode parecer natural para aqueles que nunca vivenciaram uma alegria espiritual, pois talvez imaginem que essa é a única alegria que a vida é capaz de oferecer.

Mas depois que você experimenta a alegria da alma, toda a excitação e a satisfação proporcionadas por essas atividades revelam-se muito frágeis em comparação com ela. Essas atividades de lazer começam, então, a parecer efêmeras e sem substância, e você compreende que passar pela vida buscando esse tipo de felicidade é como escolher viver uma vida desprovida de sentido verdadeiro.

Onde podemos encontrar a verdadeira alegria espiritual? Ler um bom livro que produza um forte impacto em nós é uma das maneiras. Esse tipo de obra nos oferece uma alegria duradoura que sempre permanecerá conosco. Li muitos livros até hoje, e alguns me deram tanta inspiração e prazer que aqueles outros que costumavam me inspirar perderam seu encanto. O contato que temos com esse conteúdo pode às vezes mudar nossa vida. Um bom livro produz um impacto tão notável que temos a impressão de que nossa alma foi arrebatada por ele.

Lembro quando comecei a me apaixonar por obras que têm como tema o coração e a mente humanos. Eu devorava todo livro que caía nas minhas mãos, um após o outro, e continuava querendo mais, como se nunca fosse suficiente. Lia cada um deles com muita concentração. Mas, mesmo então, era raro achar algum que de fato satisfizesse minha alma.

Livros que tivessem esse poder eram muito raros, e eu os procurava aleatoriamente entre centenas de outros, até encontrar a joia rara. Embora fosse um processo pouco animador, eu não queria desistir, porque esses livros de fato existem, e eu acreditava que iria encontrá-los, desde que continuasse procurando.

Decidi até ampliar minha busca e passei a ler autores amplamente aclamados no exterior. Mas, para minha decepção, muitas dessas obras não tocavam minha alma da maneira que eu esperava. Tentei ver se havia algo errado com a tradução ou alguma outra razão para isso, mas acabei me convencendo de que a questão era simplesmente que eu queria adquirir mais conhecimento acerca da mente do que aquilo que o autor apresentava. Eu queria saber mais sobre aspectos que não haviam sido abordados ali. E imaginava que aquilo que eu poderia encontrar seria certamente um tesouro que alimentaria nosso coração e nossa alma, incentivaria nosso crescimento espiritual e traria benefícios à nossa vida neste mundo. Com essa convicção, lia muito, e examinava com avidez todo material que caía em minhas mãos.

Certo dia, porém, compreendi algo que me fez encerrar minha busca. Tomei a decisão de não procurar mais nada em textos de outros autores, e resolvi que eu mesmo iria escrevê-los. Afinal, se eu não era capaz de encontrar livros que atendessem realmente às minhas expectativas, talvez devesse escrevê-los. Se me tornasse escritor, poderia produzir obras substanciais, que eu mesmo tivesse vontade de ler e reler várias vezes, ou seja, quem sabe fosse possível à própria pessoa escrever livros que ela sentisse prazer em apreciar ao longo da vida. E pensei que, além disso, poderia oferecer esse material àqueles que, como eu, estivessem procurando a felicidade espiritual.

A paixão que me moveu naquela época reside até hoje dentro de mim, e continuo escrevendo. Venho publicando livros, um atrás do outro, ano após ano. Atualmente, são lançados nos Estados Unidos 300 mil novos títulos por ano. Esse número pode dar a impressão de que há uma abundância de obras à disposição de leitores ávidos. Mas sei por experiência própria que mesmo 300 mil livros não garantem que você possa encontrar um que de fato o satisfaça espiritualmente.

Eu gostaria de não sentir tanta frustração com isso. Mas, se você já experimentou a verdadeira alegria da alma antes, entenderá minha insatisfação. Livros que ofereçam alegria espiritual são tão difíceis de encontrar como uma agulha num palheiro. Portanto, estou certo de que muitas pessoas enfrentam hoje esse mesmo dilema.

Como pode ser amplamente demonstrado por minha trajetória na carreira de escritor, nós obtemos a verdadeira alegria espiritual quando colocamos nosso coração e nossa alma em nosso trabalho, e perseveramos até obter sucesso em oferecer uma obra que tenha de fato valor para os outros e lhes traga satisfação. Ao levar alegria espiritual ao maior número possível de pessoas, tenho como recompensa a própria alegria espiritual e o próprio sucesso, todos os dias. Perseguir minha alegria espiritual levou-me a encontrá-la quando sinto que estou atendendo a essa necessidade dos outros. Nós seres humanos experimentamos pura satisfação quando acreditamos na obra que realizamos e sentimos orgulho dela.

Tenho cada vez maior prazer em levar alimento ao coração de outras pessoas. Isso mostra que minha alma agora almeja um grau de alegria ainda mais elevado. Mostra também que nossa alegria espiritual duplica, triplica ou quadruplica quando a nossa felicidade é consequência de levar felicidade aos outros.

Uma aura de nobreza

O primeiro pré-requisito para obter o sucesso é cultivar uma aura de nobreza. A nobreza é uma qualidade do caráter humano raramente mencionada nos livros que tratam de como alcançar sucesso. Mas imagine qual poderia ser a sua primeira impressão de uma pessoa que agisse de maneira suspeita ou parecesse esfomeada. É improvável que sua primeira impressão fosse de estar diante de alguém bem-sucedido, mesmo que a pessoa na realidade fosse muito rica. Isso também pode ser dito sobre um indivíduo com o aspecto oposto: mesmo que a pessoa tivesse um porte distinto, se demonstrasse um comportamento grosseiro certamente você não iria percebê-la como alguém bem-sucedido. Gravamos tais impressões dessas pessoas porque o natural é esperar que as pessoas bem-sucedidas sejam dignas e nobres.

Como você pode ver, a menos que sua nobreza se desenvolva em sintonia com seu sucesso, este parecerá falso. Pessoas realmente bem-sucedidas emanam uma suave aura de divina dignidade e nobreza.

Uma maneira simples de saber se você está avançando no sentido do sucesso e acumulando realizações genuínas é se olhar todos os dias no espelho. Mesmo que não perceba, seu rosto é um reflexo das mudanças que ocorrem em seu caráter. Todo dia, as experiências de sua alma deixam marcas, da mesma maneira que a cada ano um novo anel fica gravado no tronco de uma árvore.

As marcas de nobreza talvez não sejam identificadas imediatamente ou mesmo em seis meses ou um ano, mas à medida que se passam três, cinco, dez anos, essas marcas ficam reconhecíveis, tanto para você como para os outros. Com o tempo, os outros serão capazes de notar sua nobreza simplesmente por estarem em sua presença.

Se, por outro lado, você não consegue ostentar um ar de nobreza em seus traços mesmo após dez anos de contínuo sucesso, então talvez precise reconsiderar as intenções que motivaram seu sucesso.

Existem formas de sucesso que produzem sinais exteriores como riqueza, prestígio, status e reconhecimento; porém, para que indiquem o sucesso autêntico, esses sinais têm de ser acompanhados por um caráter nobre.

Isso significa essencialmente que o verdadeiro sucesso cultiva nossa espiritualidade. Se essa ideia não lhe é familiar, basta dizer que, basicamente, o sucesso melhora nosso caráter. Em outras palavras, significa que nosso sucesso só é autêntico se ele consegue aprimorar nosso caráter.

Como fazemos, então, para cultivar um caráter nobre? Existem três maneiras essenciais.

A primeira delas é desenvolver nossa capacidade de percepção. Para poder cultivar o caráter junto ao sucesso, devemos ser capazes de dar conselhos a uma faixa diversificada de pessoas e oferecer soluções para os seus problemas. Também precisamos ser capazes de resolver nossos problemas e dilemas.

A segunda maneira de cultivar um caráter nobre é fortalecer o poder de influenciar os outros. Essa qualidade é muito bem ilustrada por um provérbio chinês: "O pessegueiro reúne as pessoas em torno dele simplesmente ficando quieto e em silêncio". As pessoas são naturalmente atraídas a se aproximarem de um pessegueiro, embora ele permaneça quieto e em silêncio, pois sentem atração por seus deliciosos frutos e belas flores. Do mesmo modo, as pessoas se reúnem em volta de uma pessoa de caráter nobre porque se sentem atraídas pela influência do caráter dela. Quando seu caráter é aprimorado pela nobreza, você tem prova disso ao ver que os outros se sentem atraídos por você.

Considero esse provérbio muito verdadeiro. Conforme desenvolvemos a nobreza de caráter, nossa influência natural sobre os outros aumenta. Todos nós podemos usar palavras e ações para tentar influenciar pessoas. Mas aqueles que possuem um caráter verdadeiramente nobre influenciam os outros graças à sua maneira de ser. As pessoas à sua volta são naturalmente influenciadas por seu caráter, conforme ele brilha por meio de seu comportamento e sua atitude. Portanto, quanto mais seu caráter se tornar nobre, mais você verá crescer sua influência natural sobre aqueles que estão ao seu redor. Sua aura geral e a atmosfera que você cria à sua volta irão naturalmente inspirar os outros a cuidarem do próprio autodesenvolvimento.

Nesse sentido, os verdadeiros educadores não se apoiam em palavras ou ações. Eles são capazes de orientar seus aprendizes sem dizer uma única palavra. Exalam uma atmosfera espiritual que inspira as pessoas à sua volta a desenvolver as próprias virtudes e a buscar seu autodesenvolvimento.

A terceira maneira de cultivar um caráter nobre é tornar-se mais tolerante e generoso. Por um lado, a nobreza de caráter nos permite perceber os pensamentos, as emoções e os problemas dos outros. Essa percepção ampliada é valiosa, mas quando levada a extremos nos faz perceber nas outras pessoas, de maneira bem mais acentuada, falhas, erros e delitos, e então temos a tentação de julgá-las e rotulá-las como boas ou más, capazes ou incompetentes.

Se alguém que nós reconhecemos por seu caráter nobre e elevado deixa em nós a impressão de ter agido com mentalidade estreita, na maioria dos casos é porque a pessoa está sendo crítica e tecendo julgamentos a respeito dos outros. Ao cultivar a nobreza, ficamos muito mais sensíveis a atitudes vulgares, falhas e hábitos indesejáveis manifestados pelos outros. Mas ao julgá-los e criticá-los, corremos o risco de transformar parte da nossa nobreza em intolerância. Por isso, é importante cultivar uma mente compreensiva junto à nobreza, e fazer com que ambas tenham por base um sentimento de tolerância.

Ser tolerante é olhar os outros com um sentimento de amor, acolhendo-os com aceitação. A tolerância nos permite aceitar todas as pessoas pelo que elas são, porque transforma nossa maneira de percebê-las. Em vez de vê-las com estreiteza, em termos do relacionamento parcial e pessoal que possam ter conosco, passamos a vê-las por uma perspectiva mental mais ampla e aberta, baseada numa compaixão sincera. Essa é a marca característica da tolerância.

Para praticar a tolerância, precisamos exercitar uma boa introspecção. Não é possível construir um olhar tolerante sem uma profunda compreensão das falhas e fragilidades de nossa condição humana. Ser consciente de nossas imperfeições nos permite reconhecer que estamos em grande medida sendo perdoados e incentivados por todos aqueles que nos conhecem, que agem dessa maneira apesar de nossas falhas. Essa percepção nos leva à gratidão, e essa gratidão evolui para um sentimento de compaixão e tolerância em relação a todos os que compartilham conosco a condição humana.

Essas três qualidades da nobreza – isto é, a percepção aguda, o caráter capaz de influenciar os outros e a tolerância – são traços essenciais do verdadeiro sucesso.

Confiar em ter sucesso

O segundo pré-requisito para alcançar o sucesso é ter confiança. Se olharmos à nossa volta, veremos que algumas pessoas fracassam repetidas vezes e que elas possuem em comum um padrão mental particular: tendem a desejar o fracasso.

O desejo de fracassar é basicamente o mesmo que o desejo de ser infeliz. Quando procuramos a infelicidade, vivemos cada dia procurando de preferência as sementes da infelicidade. Sempre arrumamos um jeito de encontrar algo que sirva de pretexto para nos sentirmos infelizes; pode ser um comentário que alguém fez a nosso respeito ou podem ser as próprias circunstâncias. Por exemplo, algumas pessoas vivem reparando nas falhas e nos defeitos dos outros, e há aquelas que sempre reclamam do cônjuge. Este é um padrão humano universal, que pode ser visto ao redor do mundo e ao longo da história.

O que todas essas pessoas estão compartilhando é a necessidade inconsciente de mergulhar num estado de infelicidade. Elas não percebem isso, mas estão se deixando dominar por um impulso autodestrutivo que as induz ao próprio fracasso.

Por que elas cedem a esse impulso inconsciente de autodestruição e infelicidade, quando poderiam ter o desejo humano básico de alcançar sucesso e ser felizes? Há duas razões possíveis. A primeira é um sentimento profundo de culpa; a segunda são as insatisfações e os descontentamentos que elas acumularam. Ambos são estados mentais que levam à infelicidade.

Se você se prende a culpas, procure avaliar se os valores que estão por trás desses sentimentos têm algum fundamento real. Por exemplo, alguns indivíduos que vivem repetidos fracassos e possuem uma tendência religiosa admitem sentir aversão pela ideia de prosperidade financeira. Se você tem esse tipo de sentimento em relação à prosperidade, na verdade está adotando valores que fazem o sucesso escapar de suas mãos. Uma parte de você rejeita deliberadamente quaisquer perspectivas que pareçam promissoras, e isso obviamente irá dificultar que você atraia riqueza e sucesso.

O mesmo padrão se manifesta em pessoas que estão sempre às voltas com as próprias culpas em seus relacionamentos amorosos. Quando a pessoa vive tendo problemas no amor, estes quase sempre são a expressão de culpas e impulsos autodestrutivos inconscientes.

Eu gostaria de abordar essas pessoas que vivem com uma série de insatisfações acumuladas dentro delas e dizer-lhes que precisam fazer uma escolha clara entre a felicidade e a infelicidade. Se a pessoa escolhe ser infeliz, então nenhuma ajuda que lhe for oferecida irá adiantar. Nem Deus poderá salvá-la se o que ela deseja é a infelicidade.

A felicidade começa quando a pessoa toma a decisão de ser feliz. Você encontra a felicidade quando decide que o que você quer é justamente isso, a felicidade.

Muita gente não tem consciência desse fato. Muitos de nós passamos a vida sem prestar a devida atenção e fazendo, sem perceber, escolhas que nos tornam infelizes. Por acaso você tende a ficar remoendo o quanto se sente infeliz? Ao refletir sobre sua vida, sua mente em geral dá mais atenção à sua infelicidade? Você se imagina como protagonista de histórias que não deram certo em sua vida?

Se notar em você alguma dessas coisas, é bom voltar ao ponto de partida e fazer a si mesmo esta pergunta: "Meu desejo é ser feliz ou infeliz?". Essa é a questão principal.

Se a sua decisão é ser infeliz, então você precisa assumir a responsabilidade por essa escolha, não importa quais sejam os infortúnios que venha a enfrentar. Já que se trata de uma escolha que você fez para a sua vida, então é preciso aceitar sua responsabilidade por isso e manter seu descontentamento e suas insatisfações para si, porque falar a respeito disso irá provocar sentimentos desagradáveis nos outros.

Se, ao contrário, sua decisão é ser feliz, então você precisa manter uma firme determinação de atrair a felicidade. Essa determinação que você coloca em sua decisão irá dar-lhe confiança e permitir que siga adiante. Quando tiver de enfrentar as noções da sociedade sobre o que "não se pode fazer" e o que "não se deve fazer" ou as ideias preconcebidas sobre o que é certo e errado, você permanecerá firme diante dessas pressões e perguntará a si mesmo: "Será que há realmente algo de errado em procurar a felicidade e trabalhar para abrir caminho para um futuro mais feliz?".

As pessoas às vezes criticam e colocam obstáculos àqueles que parecem fracos, como se quisessem apedrejá-los. Nesse sentido, vale lembrar do provérbio chinês que diz: "Quando você age com toda a sua determinação, até os demônios saem do seu caminho". Sim, porque a confiança em seu coração tem o poder de mudar os sentimentos de quem quer que seja. Quando avançamos com uma autoconfiança decidida, até mesmo o mal hesita em obstruir nosso caminho.

Além disso, nossa confiança atrai outras pessoas confiantes. No Capítulo 1, compartilhei com você a história sobre uma cidade de indivíduos bem-sucedidos. Assim como os habitantes daquela cidade atraíam outras pessoas igualmente bem-

-sucedidas, para que você possa atrair a amizade de pessoas bem-sucedidas precisará primeiro tornar-se também bem-sucedido.

Aqueles que alcançaram o sucesso foram capazes disso porque mantiveram em sua mente a energia própria do sucesso, e essa energia emanou da atmosfera de sucesso que se formou em torno deles. Essa aura afasta as pessoas que têm tendência a fracassar, e atrai aquelas que se inclinam para o sucesso. Assim, se você tem um histórico de fracassos, não terá muita sorte ao tentar se associar a pessoas bem-sucedidas na esperança de se beneficiar com o sucesso delas.

Mesmo que alcance o sucesso por pura sorte, esse tipo de sucesso será efêmero e acabará se esgotando, porque não nasceu de uma confiança que veio sendo alimentada em sua mente. A confiança é a força impulsionadora na qual os bem-sucedidos se apoiam para criar essa aura de sucesso. Não me canso de enfatizar o quanto é importante parar de pensar em sua infelicidade e decidir de uma vez se você quer ser feliz ou infeliz. Se o seu verdadeiro desejo é ser feliz, então diga isso a si mesmo em voz alta. Tome a decisão de ser feliz porque, ao fazê-lo, enxergará o próximo passo necessário: confiar que irá alcançar a felicidade.

Sinta a força da confiança dentro de você. Use essa confiança para se tornar bem-sucedido no mundo da sua mente, no mundo de seus pensamentos.

Quando você cria na mente uma imagem do sucesso no mundo, tudo aquilo de que você precisa virá até você. Amigos e parceiros bem-sucedidos irão reunir-se à sua volta. E você começará a emanar uma aura própria de sucesso. Atrairá todas essas coisas positivas como se possuísse uma força magnética. Mas só quando tiver confiança de que é capaz de canalizar suas bênçãos é que será agraciado com a presença das deusas da vitória, do sucesso e da felicidade.

Em tempos de desespero, defina metas simples

Alguma vez você já sofreu um golpe tão forte e desanimador que se sentiu incapaz de seguir adiante? Já foi levado a um tamanho grau de exaustão que sua mente pareceu parar de funcionar? Está enfrentando no momento uma crise que o deixa desesperado? Há épocas na vida em que nos sentimos tão derrotados que perdemos todo o ânimo de seguir em frente.

Nessas horas, o que podemos fazer para sair desse desespero e voltar a achar o mundo maravilhoso? Podemos dar um passo fundamental, que é simplesmente estabelecer uma meta. Quando estamos presos num poço de desespero, definir uma meta é como jogar uma corda até a superfície, laçar uma pedra e aproveitar a solidez imóvel da pedra para conseguir subir e sair do poço. É melhor ainda quando conseguimos prender um gancho na corda e, ao lançá-la, fazemos com que se fixe ao tronco de uma árvore.

Se nesse momento você se sente desanimado, deprimido e angustiado, há algo que pode fazer para se ajudar. É o seguinte: do mesmo modo que é possível atirar uma corda para subir e sair do poço, você pode definir novas metas de vida para se ajudar a sair do poço de desespero em que se encontra.

Para começar, pegue duas folhas de papel. Na primeira, anote quais são suas metas na vida, dividindo-as em metas grandes, médias e pequenas. Na outra folha, escreva quando você quer alcançar cada uma delas: imediatamente, no futuro próximo e a longo prazo. Agora, você possui dois esquemas que serão vitais para sair do poço.

Depois de definir essas metas, comece a trabalhar nas mais viáveis, aquelas que você tem condições de perseguir desde já. Comece dedicando-se às pequenas metas que pode alcançar imediatamente. Isso deve ajudá-lo a definir de maneira concreta o que irá fazer para sair logo do desespero.

Ao encontrar uma maneira de sair do poço, você passa a contar com uma escolha, como se fosse entre duas cordas ou dois caminhos diferentes. Uma dessas cordas irá levá-lo a uma jornada totalmente nova.

Com essa corda, você pegará um caminho que nunca percorreu antes e nunca imaginou que pudesse pegar. A segunda corda irá levá-lo a um caminho que pode seguir para recomeçar tudo de novo, partindo de outro enfoque.

A chave é que você defina como meta perseverar durante um intervalo de tempo específico. Por exemplo, se já tocou no fundo do poço, então o simples fato de conseguir chegar ao final do dia de hoje será a melhor meta que você pode estabelecer para si. Se já estiver se saindo um pouco melhor, poderá olhar para um futuro próximo e tentar levar as coisas da melhor maneira possível, digamos, até o fim da semana.

Depois, quando tiver alcançado essas metas, poderá definir intervalos de tempo maiores. Você pode colocar como objetivo resistir mais um mês, depois mais três, em seguida seis meses, um ano. A passagem do tempo, à medida que você segue em frente dessa maneira, irá ajudá-lo a superar esse período de tensão em sua vida. O tempo fica do nosso lado quando estamos fazendo esforços, e ele sempre abre um caminho para quem é perseverante.

Quando estiver decidindo que caminho tomar, há um ponto importante que você deve levar em conta. Se a fonte do seu sofrimento ou da sua sensação de fracasso está em problemas no seu relacionamento, então é essa sem dúvida a circunstância que você deve escolher mudar e melhorar. Manifestações da natureza, como desastres naturais, estão fora do controle humano. Mas as crises que enfrentamos em nossos relacionamentos estão dentro do poder que temos para resolvê-las no devido tempo.

Eu também tive minha cota de experiências desse tipo, e elas me ensinaram que esses períodos de desespero não se estendem por mais de um ano. Meu período mais difícil não durou mais do que seis meses.

Quando você se dá a oportunidade de perseverar e melhorar suas circunstâncias, percebe que sua ansiedade diminui, e sente que uma nova luz começa a penetrar em seu interior. Às vezes, pode achar que tudo à sua volta tem a intenção de magoá-lo. Mas, com o passar do tempo, verá que há também pessoas ao seu redor que estão projetando sua luz de bondade e lhe dando apoio. Sua decisão de acreditar que essas coisas são verdadeiras e sua perseverança com certeza irão ajudá-lo em épocas de desespero.

A coragem de seguir adiante

Para quem tem coragem, nada é impossível. Por essa razão, viver cada dia com a maior coragem possível é o terceiro e último pré-requisito para se alcançar sucesso na vida.

Quando falhamos pela primeira vez em determinado esforço, fica claro que vamos precisar de coragem para nos reerguer. Mas, quando falhamos na segunda tentativa e de novo na terceira, começamos a achar que talvez não reste mais coragem em nós. Somos capazes de suportar o fracasso apenas um número limitado de vezes, isto é, até a hora em que começamos a achar que o que virá pela frente será apenas outra série de derrotas. Nós humanos conseguimos tomar atitudes corajosas em raros momentos de crise. Mas diante de um período prolongado de adversidades, ou de uma fase de dificuldades ou de uma época de crise, enfrentar o dia a dia sem medo pode ser uma tarefa impossível. É nesse momento que olhamos para trás em busca de uma saída para a nossa situação.

Não devemos nunca achar que tudo que vem pela frente será negativo. Também surgirão oportunidades para criar um caminho de sucesso. Porém, se não tivermos coragem de seguir adiante, não poderemos sequer perceber essas oportunidades, e muito menos agarrá-las.

Alguma vez você pescou camarão-d'água-doce? Se já tentou, sabe o quanto é fácil. O camarão-d'água-doce é um crustáceo parecido com o lagostim, e costuma viver em rios e riachos. Para pegá-lo, basta saber que ele nada para trás uns 20 centímetros na hora em que percebe um perigo. Assusta-se com facilidade –

às vezes com o barulho de passos, com o mergulho de um peixe ou com uma pedra que cai na água. Assim, para pescá-lo às vezes é suficiente atirar uma pedra na frente dele e segurar uma rede uns vinte centímetros atrás. Como sua única manobra defensiva é nadar para trás, depois que é capturado pela rede não consegue escapar dela. Quando criança, eu costumava pescar camarões de rio, por isso, sei por experiência própria que esse método sempre funciona.

Do mesmo modo que esses camarões não percebem que o perigo pode estar à espreita logo atrás, ou bem à sua frente, as pessoas que apenas olham para trás tentando fugir de um problema acabam sofrendo com alguma calamidade que está adiante delas. Em suma, recuar de circunstâncias desafiadoras não irá nos poupar de situações adversas. Ter coragem de agir e seguir adiante em vez de recuar é o jeito certo de nos salvarmos e seguir rumo ao sucesso.

Quando nos debatemos com seguidos erros, fracassos ou contratempos, é provável que estejamos sendo vítimas de nossa indecisão e perdidos em relação ao que fazer. É por isso que demoramos para agir. Nessas horas, é comum evitar correr riscos e impedir que outras circunstâncias, situações e contatos com outras pessoas se somem aos nossos medo, angústia e sofrimento. É por isso que continuamos olhando para trás, procurando uma rota de fuga.

Se você vive uma situação semelhante, considere em qual das duas direções preferiria enfrentar o problema que quer derrubá-lo. Pergunto: se a possibilidade de ser derrotado pode estar tanto atrás de você quanto na sua frente, será que não vale mais a pena cair combatendo o perigo de frente, com coragem, em vez de recuar? Você não sentiria mais orgulho e honra desse modo? Por qual dessas suas opções você gostaria de ser lembrado quando não estivesse mais neste mundo?

Quando você decide ter coragem e partir para a ação, nunca irá fracassar de verdade naquilo que fizer, não importa qual seja o desfecho. É por isso que a decisão e a ação são dois elementos importantes para viver com coragem e alcançar sucesso na vida.

A coragem exige decisão e ação. A coragem não é algo que nos seja dado; é um sentimento que brota em seu interior quando você decide ser maior que o seu medo. A partir do momento em que você toma essa decisão e começa a andar para a frente de novo, sua coragem aparece e continua brotando, sem parar. Posso garantir que você ficará impressionado ao descobrir quantas reservas de força e coragem tem dentro de si o tempo inteiro.

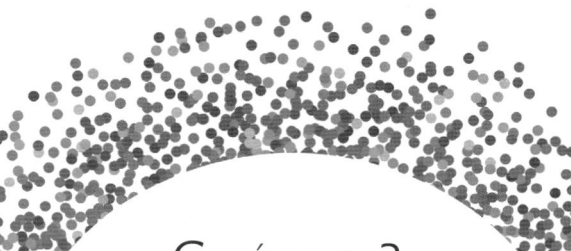

Capítulo 3

Os segredos de uma vida bem-sucedida

Cultivar uma vida alegre

Dedicar-se a levar uma vida alegre é o primeiro segredo para uma vida bem-sucedida. Colocando em termos simples, ter uma vida bem-sucedida significa viver com uma sensação contínua de alegria. Mas com frequência atribuímos condições às nossas noções de sucesso, e elas acabam nos impedindo de ficar alegres. Por exemplo, com que frequência você tem pensamentos do tipo: "Eu seria feliz se *pelo menos* tivesse tal coisa", "Eu seria feliz se *pelo menos* tais e tais condições fossem atendidas" ou "Eu seria feliz se *pelo menos* minhas circunstâncias mudassem de tal jeito"?

Eu gostaria de encorajar você a se livrar de tais pensamentos, pois essas noções podem afogá-lo na mediocridade. A alegria é sempre uma opção, não importa quais sejam nossas circunstâncias, e mesmo quando as situações estão contra nós.

Na realidade, podemos dizer que um estado de espírito alegre é de fato algo extraordinário quando prevalece nos momentos de crise e adversidade. Não é muito difícil viver com alegria quando seu coração está feliz e sua vida corre muito bem. Mas você consegue manter um ânimo alegre quando se sente sobrecarregado por circunstâncias indesejáveis, atormentado por algum sofrimento ou afligido por dificuldades? Esse é seu verdadeiro teste.

A vida traz dias de sol, mas com certeza também traz tempestades que, às vezes, podem durar até um ano. E, como sabemos muito bem, nuvens escuras podem criar condições muito difíceis – baixas temperaturas, ventos fortes e chuvas torrenciais. Mesmo assim, o sol continua brilhando radiante acima das nuvens. Não importa o quanto o céu se torne escuro, não devemos crer que este seja o estado real deste mundo, nem supor que circunstâncias desesperadoras estejam prestes a surgir. Em vez disso, devemos acreditar que o sol brilha além das nuvens.

Tudo o que precisamos fazer para encontrar o brilho do sol de novo é atravessar essas nuvens negras. Mas como?

Antes de mais nada, precisamos tomar a decisão de manter um estado de espírito alegre, sejam quais forem as circunstâncias. O primeiro passo é fazer essa escolha e dedicar todo o nosso esforço para manter uma atitude positiva e feliz. Somos abençoados com infinitas reservas de determinação; portanto, podemos aprender a recorrer às nossas reservas nas épocas de grandes dificuldades, mesmo quando sentimos estar no limite de nossa resistência. Se tivermos a firme determinação de cultivar uma vida alegre apesar de todas as circunstâncias desafiadoras, a vida irá de tempos em tempos abrir novos caminhos para o nosso avanço.

Se você costuma ter pensamentos de derrota, insisto que resista um pouco mais e não se entregue. Procure encarar da seguinte maneira: a derrota é uma escolha que fica disponível a você o tempo todo, e render-se a ela não requer nenhuma habilidade especial. Qualquer um é capaz de desistir. É fácil aceitar a derrota, sobretudo quando você se sente desencorajado.

O que determina nosso sucesso na vida é o quanto somos capazes de resistir com alegria a esses desafios. A vida traz esses períodos de dificuldades para todos nós, indiscriminadamente, como oportunidades para fortalecer nossa alma. Essas condições, que parecem insuperáveis, são ocasiões propícias para usarmos nossas reservas de determinação, para que possamos resistir por mais seis meses ou um ano.

Nosso objetivo na vida, portanto, não é ficarmos alegres apenas quando obtemos reconhecimento por nossas realizações. Ao contrário, nosso objetivo é tirar partido desses períodos com obstáculos aparentemente insuperáveis e tratá-los como nossas melhores oportunidades de viver com um coração despreocupado, leve e feliz, como se estivéssemos galopando num fogoso cavalo branco e arremetendo valentemente contra as fileiras inimigas.

Temos, sem dúvida, potencial para viver dessa maneira. Essa capacidade de ser forte – ainda mais diante de uma crise – está com certeza dentro de todos nós.

Isso é algo que sempre me chama a atenção. Quando uma brisa leve começa a soprar, eu me concentro intensamente em meu trabalho. Então, quando os ventos se voltam contra mim, eu fortaleço minhas defesas e persevero. E continuo avançando. Ao nos movermos sempre adiante, independentemente do que aconteça conosco, fazemos com que a vida não tenha outra opção a não ser abrir caminhos para oportunidades e realizações.

Quando você estiver sem coragem e desanimado, olhe-se no espelho e diga se as outras pessoas aceitariam ajudar, apoiar e orientar alguém com uma aparência como a sua. Você chegará à conclusão de que provavelmente elas não fariam isso. Por outro lado, é provável que elas ofereçam ajuda de bom grado a alguém que se mostre perseverante e com forte determinação. Portanto, sugiro enfaticamente que você coloque no rosto seu melhor sorriso e siga adiante com ânimo renovado.

O sorriso é proporcional ao esforço

Como podemos, então, viver com alegria? O que é possível fazer para manter um estado de espírito alegre em relação aos outros no nosso dia a dia? Alguns de nós talvez se sintam tão deprimidos que não saibam nem o que fazer para sentir contentamento de novo.

A primeira atitude é simplesmente ostentar um sorriso de alegria. Não importa o quanto nossas circunstâncias possam ser difíceis, somos sempre capazes de sorrir. E ao sorrir, espalhamos nossa alegria a todos aqueles com quem temos contato ao longo do dia. Quando vemos que nosso sorriso deixou alguém satisfeito, isso duplica a alegria em nosso coração. Assim, ao fim de cada dia, faça um retrospecto e avalie as seguintes questões: Com que frequência você ofereceu seu sorriso às pessoas com as quais teve contato desde que acordou? Por quanto tempo você foi capaz de sorrir, mesmo quando não havia ninguém por perto?

Essas questões devem chamar sua atenção para o fato de que existe um princípio na base de um sorriso. Segundo esse princípio, seus sorrisos são proporcionais aos esforços que você coloca neles. Tendemos a acreditar que as pessoas que têm um belo sorriso já nasceram assim. A nossa suposição é que, quando uma pessoa é capaz de sorrir continuamente, coisas boas devem estar acontecendo com ela o tempo todo. Porém, o mais provável é que a verdade seja muito diferente disso.

Pode ser, por exemplo, que as dificuldades que a pessoa enfrenta nunca fiquem visíveis. Ninguém, nem mesmo quem sorri o tempo inteiro, está completamente imune às dores e dificuldades da vida. Estamos todos sujeitos a circunstâncias que ameaçam transformar nosso sorriso em uma cara amarrada, ou a encher nosso rosto de profundas rugas de ansiedade. Aqueles que continuam sorrindo apesar dos desafios da vida conseguem isso por meio de uma obstinada perseverança, o que é um feito verdadeiramente extraordinário.

Por outro lado, se de fato houvesse alguma pessoa que nunca tivesse enfrentado o menor infortúnio, então essa pessoa teria tido também uma vida extraordinária. Isso porque os pensamentos pessimistas tendem a atrair para a nossa mente outros pensamentos negativos. Por exemplo, o hábito de abrigar pensamentos pessimistas pode nos fazer acreditar que o menor ruído de passos indica a presença de ladrões, que um pequeno indício de problema é um presságio de uma grande calamidade, ou que um espirro é sintoma de uma doença fatal. Assim, se você diz que passou a vida inteira sem dificuldades, então, isso em si é algo maravilhoso. Significa que não havia em você elementos que pudessem atrair a infelicidade; portanto, não há nada a dizer a não ser: "Você é realmente amado por Deus".

Como vemos, independentemente de como possamos chegar lá, nossa capacidade de sorrir só depende do esforço que colocamos nisso. Há sempre perseverança por trás de um sorriso, pois o mero fingimento não é capaz disso. Não importa quem você seja, se vive com um sorriso, significa que está fazendo um esforço para conseguir isso.

Desse modo, a questão vital é por quanto tempo conseguimos manter nosso sorriso. Isso não é muito difícil quando temos 30 anos, mas torna-se mais árduo quando chegamos aos 40, 50 e 60. Por isso, nosso sorriso é uma forma essencial de treinamento espiritual. Ao continuar a manter nosso sorriso, estamos disciplinando nossa mente a lidar com as dificuldades de modo positivo. Ao fazer esse esforço, obtemos uma preciosa recompensa: o sorriso que irá adornar nosso rosto no outro mundo, depois que tivermos encerrado nossa jornada neste.

O esforço de sorrir é importante para nossa vida porque o mundo se torna um lugar melhor com cada pessoa que se junta às que são capazes de sorrir. Um sorriso é um ato compassivo de doação, como a beleza de uma flor à beira da estrada. Talvez ela raramente chame nossa atenção, mas, se por uma fração de segundo formos cativados por sua beleza ao passarmos por ela, então essa flor nos terá dado sua compaixão e seu altruísmo. A maioria das pessoas nem sequer pensa no propósito de uma flor. No entanto, ela continua a mostrar seus magníficos botões para encantar o maior número possível de pessoas.

Embora a visão de uma flor murcha nos dê uma sensação de tristeza, uma flor no auge de seu florescimento nos faz lembrar um belo sorriso luminoso. Quando vemos um jardim na primavera, todas as flores parecem uma multidão de sorrisos cintilando em nossa direção. Desse modo, as flores deste mundo nos ensinam que até elas encontraram uma maneira de oferecer sorrisos de compaixão ao mundo.

Os animais também contribuem com seus sorrisos. Os cães têm uma capacidade impressionante de nos mostrar seus mais alegres sorrisos. Algumas pessoas dizem que eles não são capazes de mostrar seus sentimentos, mas não é verdade. Se você já teve um cão de estimação sabe o quanto eles são bons em transmitir suas emoções de tristeza, raiva e alegria. Não conheço ninguém que, ao chegar em casa, não tenha ficado encantado com a felicidade que seu cão expressa ao vê-lo de volta. O mesmo se dá com nós humanos e nossos relacionamentos com as pessoas: se abordamos os outros com um sorriso, é muito difícil que não sintam uma grande satisfação com isso.

Assim, se até as flores e os cães se esforçam para mostrar um belo sorriso, seria uma vergonha se nós, seres humanos, não fôssemos capazes de fazer um grande esforço para oferecer sorrisos ao mundo.

Como você pode ver agora, um dos segredos de manter um estado de espírito alegre ao longo da vida é sorrir sempre, não importa o que aconteça, e continuar se esforçando para isso mesmo em tempos de dificuldades. Dessa forma, estaremos dando uma preciosa alegria aos outros e ajudando a transformar o mundo num lugar melhor para todos.

Utilizar palavras positivas

Uma vida bem-sucedida requer mais do que ostentar um sorriso; devemos também prestar atenção às palavras que usamos. Nós humanos, por nossa natureza, tendemos a nos expressar de modo negativo durante os períodos de tristeza ou angústia. As fases difíceis possuem o dom de neutralizar o que temos de melhor, e então palavras sombrias podem sair de nossos lábios impensadamente.

Precisamos fazer um esforço consciente para dominar nossas palavras a fim de não ficarmos presos nesse tipo de armadilha. Do mesmo modo que um sorriso adorna nosso rosto, as palavras que pronunciamos adornam nosso caráter. Os pensamentos que verbalizamos com frequência criam a atmosfera que emana de nossa presença. Quando a maioria das coisas que dizemos é negativa, as pessoas sentem que ficar perto de nós pode trazer-lhes infelicidade, o que as afasta. Isso pode se tornar um ciclo negativo: à medida que mais pessoas começam a se afastar de nós, ficamos cada vez mais inclinados ao pessimismo e a verbalizar de modo negativo, o que só aumenta a atmosfera desagradável que paira à nossa volta.

Quando entramos nesse ciclo negativo, a chave para conseguir sair dele é não levar tão a sério os aspectos infelizes da vida e, ao mesmo tempo, dar um grande valor aos aspectos felizes. Para isso, é fundamental evitarmos verbalizar nosso descontentamento e nossa insatisfação, mesmo quando estamos passando por um algum sofrimento intenso.

Todos nós temos aquela manhã ocasional quando enfrentamos alguma dificuldade imprevista bem na hora de sair de casa. Se lidarmos com isso dando ênfase aos sentimentos negativos e depois falando a respeito disso o resto do dia, produziremos um impacto negativo não só na nossa vida, mas também na vida daqueles que nos cercam. Como alternativa, podemos comentar as coisas boas que tenham acontecido, em vez de falar no que deu errado. Na realidade, os períodos de dificuldade são o melhor momento para descobrir e conversar sobre os aspectos felizes e afortunados da vida. Isso não só eleva nosso ânimo, como também dá satisfação àqueles que estão por perto.

O segundo problema de se expressar com negatividade é que isso grava ainda mais os pensamentos negativos na nossa mente. E esses efeitos nocivos não prejudicam somente a nós: nossas palavras também deixam sua marca na mente de quem está por perto. Quando verbalizamos pensamentos negativos, estes ficam pairando no ar como uma forma de energia flutuante, que se desloca e viaja pelo mundo inteiro. Essa energia pode deixar uma ferida escura no coração das pessoas, como se fosse a marca das garras de um corvo.

Todas essas consequências explicam por que é essencial não usar uma linguagem negativa. Implícita nessas razões há outra, mais profunda: devemos abandonar a fala negativa por amor aos outros e a nós mesmos. Se você de fato se preocupa consigo, valoriza-se e quer cuidar bem de si, não vai querer manchar seu coração com palavras negativas ou pessimistas, e menos ainda em períodos de sofrimento e angústia. Em vez disso, escolha palavras fortes, cheias de energia positiva e construtiva, a fim de remover as emoções sombrias de seu coração.

Este é um dos métodos mais essenciais para se chegar a uma vida bem-sucedida. As pessoas de sucesso cuidam sempre da maneira como se expressam, com palavras positivas e construtivas. Dizem coisas que iluminam o coração de todo mundo.

É como se nossas palavras rebocassem caminhões ou fossem carruagens puxadas a cavalo. Assim como os cavalos puxam uma carruagem, as palavras que dizemos têm um poder extraordinário de levar nossa vida adiante.

Enquanto as palavras positivas são capazes de nos fazer avançar, as negativas têm o poder de nos puxar para trás. E se for assim, nunca chegaremos ao nosso destino, não importa o quanto possamos ir longe. Mas podemos fazer a opção de usar as palavras a nosso favor, como se acrescentássemos à nossa carruagem mais cavalos para puxá-la. Dizer algo positivo é acrescentar um cavalo à nossa carruagem. Dizer outra coisa positiva é colocar mais um cavalo, e assim por diante. Desse modo, aumentamos nosso poder de tração e de avanço fazendo uso de palavras positivas.

Portanto, dizer algo positivo é aumentar seu poder. E aumentando seu poder, você aumenta sua velocidade. Não só isso: você também se torna capaz de incentivar um maior número de pessoas e de levar uma carga maior a um destino positivo. Em última análise, as palavras que escolhemos determinam se seremos felizes ou infelizes, e é por isso que controlar nossa forma de se expressar é outro segredo de uma vida bem-sucedida.

Ver o lado positivo de cada situação

O próximo segredo para ter uma vida bem-sucedida, quaisquer que sejam as dificuldades, é considerar a adversidade pelo ponto de vista oposto. O que quero dizer é que precisamos ver o lado luminoso de nossas circunstâncias. Podemos encontrar um sentido positivo oculto em cada pedra do caminho, em cada obstáculo e em cada fracasso.

Por exemplo, suponha que você é um estudante que acaba de descobrir que não foi aprovado em nenhuma das faculdades para as quais prestou exame. Isso seria um choque terrível para qualquer um. Você se sentiria muito magoado e rejeitado. Se fosse reagir a essa situação de modo pessimista, seu primeiro pensamento talvez fosse: "Isso mostra que eu não sou inteligente o suficiente. O que vou fazer, então, se não conseguir melhorar minha nota no próximo vestibular? Acabei de dar o passo errado e comprometi o futuro brilhante que imaginava ter pela frente".

Mas, se você parar um pouco e examinar a situação do ponto de vista oposto, descobrirá que ela pode ter um sentido positivo em sua vida. São várias as perspectivas que você pode considerar.

A primeira é: "Isso talvez seja uma das maneiras que Deus encontrou para me dar a oportunidade de frequentar uma faculdade ainda melhor. O fato de ficar mais um ano estudando pode me ajudar a ser aceito no ano que vem numa faculdade ainda melhor do que aquela na qual eu seria capaz de entrar este ano. Quem sabe este seja o sentido verdadeiro de eu não ter entrado em nenhuma faculdade agora".

A segunda perspectiva é: "Isso pode ser uma provação que irá me ensinar a lidar com as dificuldades da vida e me enriquecer com uma experiência muito importante. O que eu aprender com essa experiência provavelmente irá se transformar na sabedoria em que irei me apoiar quando tiver de orientar outras pessoas no futuro. Essa é a minha oportunidade de aprender a perseverar diante dos problemas da vida. Sou grato por essa oportunidade de cultivar a força interior que irá me preparar para alcançar grandes feitos".

Um terceiro ponto de vista poderia ser: "Quem sabe essa provação seja a maneira que Deus achou para me mostrar que tenho sido muito pretensioso. Talvez se trate de uma experiência destinada a me ensinar o valor da humildade. Quem sabe agora eu tenha a chance de refletir sobre mim mesmo com verdadeira humildade e entender o real valor da dedicação e do esforço. A partir de agora, vou parar de procurar o reconhecimento dos outros e, em vez disso, vou adotar na minha vida o propósito de realizar algo que tenha de fato sentido. Estou tendo a chance de reiniciar a vida com maior humildade e de trabalhar duro para construir minha capacidade pouco a pouco. Talvez seja esse o sentido desse meu fracasso".

Existem ainda outras perspectivas possíveis. Por exemplo: "Talvez as coisas que eu venha a fazer enquanto tento ser aceito em alguma faculdade se tornem o enredo de um romance quando eu for um escritor famoso. Muitos escritores extraem inspiração da própria vida, então quem sabe é assim que a vida funciona – transformamos experiências como essa em grandes obras de literatura".

Nessa situação, você ainda poderia pensar da seguinte maneira: "Ouvi dizer que os amigos que fazemos durante esses tempos difíceis da vida com frequência tornam-se amizades para a vida inteira, graças à confiança e ao apoio mútuo. Pode ser que este ano de vestibular me traga relacionamentos valiosos que durem para sempre. Talvez seja essa a minha chance de encontrar espíritos que realmente tenham afinidade comigo".

Ou você pode ainda interpretar a situação assim: "Se isso me faz atrasar um ano inteiro, significa que vou ter de viver um pouco mais de tempo do que o previsto. Em vez de viver até os 80 anos, vou viver até os 81. Então, posso usar esse meu tempo antes de começar a faculdade para aprimorar minha força física e cuidar da minha saúde, preparando-me melhor para a longevidade".

Muitos homens e mulheres de negócios bem-sucedidos enfrentaram provações e dificuldades quando eram bem jovens. Essas experiências da juventude permitem que a alma seja verdadeiramente polida. Penso que uma vida sem atribulações não é necessariamente melhor em termos de crescimento espiritual.

A vida às vezes nos faz enfrentar problemas e imprevistos que ameaçam nos derrubar, e acredito que, quando conseguimos a força interior e a perseverança para superar esses obstáculos, fazemos brilhar a verdadeira centelha da nossa alma.

Isso se aplica não só às pessoas jovens, mas também às de meia-idade e aos idosos. Por exemplo, se você agora tem perto de 60 anos de idade e está chegando à aposentadoria, talvez ache que não tem mais nada a conquistar. Imagina que, se ainda tivesse a vitalidade de seus dias de juventude, estaria, é claro, cheio de possibilidades. E talvez acredite que agora não há mais nada que possa fazer nesse estágio avançado da vida.

No entanto, o pensamento reverso com certeza pode ser útil também nessas circunstâncias para permitir que você faça melhores escolhas a fim de fortalecer sua alma. A questão é mudar sua perspectiva e reconhecer a possibilidade de transformar sua aposentadoria numa segunda juventude. Não há nada de impossível nessa ideia. Tudo o que você realmente precisa é ter no coração o ardor de sua ambição da juventude. Quando você desperta o poder de seus sonhos, a vitalidade necessária para alcançar as coisas que gostaria de fazer caso fosse algumas décadas mais jovem irá emergir por si só. A nossa idade cronológica perde toda a importância em face de nossa determinação de continuar perseguindo novas metas e altas aspirações.

O mesmo pode ser dito para alguém que passa por um rebaixamento de cargo ou por algum retrocesso no trabalho. Muitos executivos de nível médio enfrentam esse tipo de dificuldade, o que pode constituir um período bastante desafiador na vida da pessoa. Porém, se examinarmos a situação por um ponto de vista positivo, veremos que essas circunstâncias estão nos oferecendo o ambiente perfeito para desenvolvermos nossa força interior. Se você é rebaixado para um cargo de menor importância, pode usar isso como uma oportunidade para revigorar sua força e dedicar-se ao autoaperfeiçoamento. O mesmo vale se você for transferido para um departamento muito movimentado. Pode ser sua oportunidade de aplicar os melhores esforços para que o seu departamento alcance suas metas.

A chave é descobrir as oportunidades que existem nas circunstâncias mais desesperadoras e usá-las para que desabrochem o que há de melhor na sua vida.

Assim como os estudos, o trabalho e a aposentadoria, o casamento também desempenha um papel importante na nossa vida. Algumas mulheres, por exemplo, investem muito tempo numa procura criteriosa de um parceiro que considerem verdadeiramente adequado a elas e que possibilite um relacionamento marcado por grande afinidade, mas podem ver suas expectativas frustradas após o matrimônio, quando constatam que o marido não é aquilo que haviam imaginado. Esse tipo de situação também ocorre em relacionamentos entre os membros da família.

Quando as idealizações com as quais sonhamos se desmancham diante de nossos olhos, podemos ficar muito desanimados e suscetíveis a pensamentos negativos. Entretanto, se permitirmos que a dor se instale, não conseguiremos captar o verdadeiro sentido de nosso treinamento espiritual aqui nesta vida. Lidar com nossos problemas guardando decepções equivale, na verdade, a perder de vista o propósito de nossa vida.

Não devemos esperar que o tempo melhore para sair navegando e poder contornar uma crise, sobretudo quando se trata de um aspecto essencial de nossa vida. Na realidade, a vida nos expõe às piores intempéries do mar. Ela traz tempestades, ventos furiosos e chuvas torrenciais, e talvez precisemos parar em algum porto para encontrar segurança ou tirar a água que entrou em nosso barco. Também pode haver épocas em que o vento quebra nosso mastro em dois ou rasga nossas velas, deixando-as em farrapos.

O mais importante nessas horas é permanecer forte e continuar navegando pela tempestade. A chave da vida é não parar de fazer a seguinte pergunta a si mesmo: "Qual é a melhor maneira de seguir adiante? Qual é a melhor escolha que posso fazer para permitir que minha alma brilhe?". Essa é a atitude que nos dá força para navegar pelas tempestades da vida.

Se alguma vez você sentir que está no meio de uma crise ou dificuldade que parece não oferecer nenhuma saída nem ter qualquer solução à vista, pare e procure se lembrar de quantas soluções você já conseguiu encontrar até agora na vida. Você pode pensar que não há solução e que chegou a um beco sem saída, mas reconsidere e veja se isso é realmente verdade. Tem certeza de que esgotou todas as possibilidades?

Com frequência, há mais possibilidades do que aquelas que se apresentam de início. Talvez tenhamos descartado essas possibilidades supondo que não seriam aceitas pela sociedade, ou que as pessoas se mostrariam resistentes a elas, ou que não teríamos confiança suficiente para levá-las adiante. Às vezes, por razões como essas, acabamos eliminando muitas possibilidades e limitando as soluções viáveis.

A chave para solucionar nossos problemas na vida é continuar pensando no maior número possível de alternativas até encontrar aquela que irá nos ajudar a resolver a questão da maneira mais inteligente, rápida e eficiente. Conforme seguimos adiante, acumulamos a sabedoria necessária para poder ajudar os outros a resolver rapidamente seus problemas de vida.

Acreditar que há infinitas possibilidades

O ponto central do pensamento reverso é compreender que as possibilidades são infinitas. Imagine o entusiasmo que você sentirá quando adotar esse ponto de vista e perceber que uma série de possibilidades irá se abrir diante de seus olhos.

As circunstâncias desfavoráveis podem nos levar a concluir que não temos escolha – que existe apenas uma maneira de seguir adiante. Essa suposição pode nos levar ao desespero, se esse único caminho estiver cheio de obstáculos. Mas aquilo que surge aos nossos olhos como a única saída pode parecer a outra pessoa uma rede de inúmeros caminhos entrelaçados, como num tabuleiro de xadrez. Na realidade, estamos sempre rodeados de muitos trajetos que levam à nossa meta, e eles irão se abrir para nós, bastando dar um passo para a direita ou para a esquerda. Na realidade, as possibilidades são muitas, e podemos forjar novos caminhos do modo que quisermos.

Algumas pessoas podem criticar esse tipo de postura mental, como um sinal de oportunismo ou de falta de decisão. Mas estão equivocadas ao enxergarem as coisas desse modo. Essas alegações não correspondem à verdade.

Quando nós humanos fomos dotados de vida, também recebemos a liberdade e o livre-arbítrio. Possuímos o privilégio e a responsabilidade de exercitar nosso livre-arbítrio para fazer boas escolhas ao longo da vida. Devemos usar nosso livre-arbítrio no grau máximo para tomar as melhores decisões possíveis. Precisamos parar de supor que existe apenas um percurso a seguir, que não temos outra escolha a não ser o caminho que está diante de nós. Em vez disso, temos de procurar descobrir todas as possibilidades que possam levar a resultados ainda melhores.

Essa postura mental de acreditar em diversas possiblidades também é essencial para a administração de um negócio. O sucesso de um empreendimento é em grande parte determinado pela nossa ação ao contribuir com novas ideias e com métodos aprimorados de realizar o trabalho.

Isso serve também para nossas interações com as pessoas à nossa volta. A capacidade de nos adaptarmos de modo flexível a fim de atender às necessidades dos outros é vital para o nosso sucesso na vida. Nem sempre é benéfico ficar preso a uma única maneira de pensar ou de lidar com as situações, tentando impor essa maneira aos outros. É inevitável que algumas pessoas concordem com nossas ideias e que outras se agarrem aos próprios pontos de vista. Nosso grau de abertura à diversidade de ideias deste mundo tem um impacto significativo no progresso que fazemos na vida.

Se imaginarmos que estamos num mundo plano, bidimensional, um mundo com uma limitada capacidade de manobra, sentiremos desânimo quando nos virmos perdidos num labirinto de problemas. As limitações que encaramos nesse cenário só podem ser prenúncio de problemas. Mas, se formos capazes de ampliar a visão e imaginar um mundo tridimensional, será mais fácil ver todos os caminhos possíveis para sair do labirinto. Às vezes, não encontramos nenhuma saída do labirinto quando limitamos nossos movimentos ao mundo plano de duas dimensões; porém, se abrirmos a mente à possibilidade de saltar esses muros, como uma pulga saltaria no ar para ir de um ponto a outro, as possibilidades tornam-se infinitas.

Descobrimos novas possibilidades ao mudar nossa perspectiva de um ponto de vista de duas dimensões para uma visão tridimensional. De modo semelhante, se hoje você está às voltas com um problema e ficou empacado nele, pode encontrar a solução abordando-o por um ângulo diferente. Quando levantamos a cabeça e encaramos a vida como um mar de infinitas possibilidades, somos capazes de criar uma vida de sucesso.

Se as pulgas são capazes de escapar de um labirinto olhando-o a partir de um ponto de vista tridimensional, então nós humanos devemos ser capazes de resolver nossos problemas elevando nossa posição até um ponto de vista da quarta dimensão. A maioria de nós habituou-se a pensar verticalmente ao procurar soluções. Por exemplo, quando cavamos a terra para fazer um poço, a maioria de nós, ao não encontrar água, tende a concluir que simplesmente não cavou o suficiente. Então, continua cavando mais e mais. Se não encontramos uma nascente a 50 metros de profundidade, nossa decisão costuma ser continuar cavando até chegar a 100 metros. Se isso ainda não é suficiente, vamos a 150 metros, e depois a 200, e assim por diante. É isso o que chamo de pensamento vertical. Trata-se do padrão de pensamento mais comum que utilizamos para solucionar os problemas.

Mas nós humanos também somos capazes de um pensamento lateral. Nessa nossa analogia, o pensamento lateral significa compreender que a nascente subterrânea pode estar em outra parte. Em vez de cavar num único lugar, podemos pensar em cavar vários lugares ao mesmo tempo para aumentar nossas chances de sucesso. Na vida real, existem soluções desse tipo e estão ao alcance de todos, porém muitas vezes não percebemos. No dia a dia, somos como o cavador de poços que acredita que cavar mais fundo no mesmo lugar é a única opção disponível, enquanto a solução de fato está em cavar em outro lugar.

A validade dessa perspectiva é óbvia numa analogia visual como esta. No entanto, quando se trata das questões abstratas da vida, pode ser difícil encarar os problemas por esse ponto de vista. A ideia de "cavar vários poços" não vem à mente com facilidade, e em geral não somos capazes de enxergar além do que parece ser a única opção diante de nós.

Por exemplo, chegar a um impasse no emprego ou na carreira é uma situação comum que pode nos colocar num dilema do tipo vivido por Hamlet, personagem de William Shakespeare. Às vezes, precisamos fazer um grande esforço para conviver bem com nossos superiores ou subordinados, não enxergamos boas perspectivas de promoção e acabamos perdendo o entusiasmo pelo trabalho. A vontade que temos é de largar o emprego, mas isso pode comprometer o sustento e o bem-estar da família.

Nesse tipo de dilema, vemos apenas duas opções: ou permanecer no emprego até conseguirmos resolver nossos problemas ou buscar trabalho em outro lugar. Mas é possível também usar o pensamento lateral para encontrar outras maneiras, além dessas duas possibilidades. Por exemplo, podemos confiar apenas no próprio julgamento para tomar a decisão ou decidir confiar num amigo e perguntar qual seria a sugestão dele. Podemos, ainda, explorar a possibilidade de mudar de profissão, e nesse caso precisaríamos examinar as carreiras mais adequadas para nós e tentar determinar quais seriam nossas chances de sucesso nelas. Por fim, podemos reconsiderar e examinar a fundo se a nossa atual companhia ainda oferece alguma perspectiva para nós.

Ao explorar as possibilidades dentro de cada uma dessas opções, acabaremos encontrando algum caminho aberto. A chave é não ficar preso a uma única possibilidade. Ao contrário, devemos usar o pensamento lateral para persistir e achar novos lugares para novas perfurações. Este é, acredito eu, outro segredo para uma vida bem-sucedida.

Capítulo 4

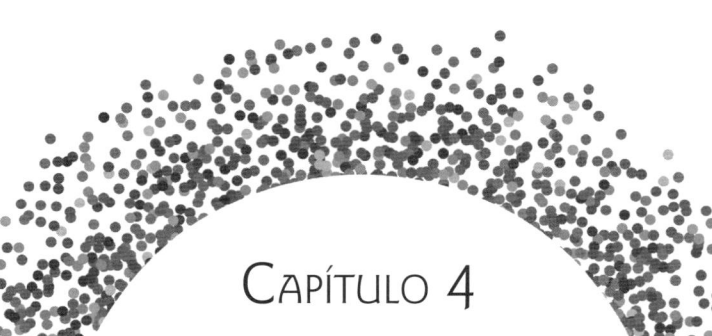

Os pontos-chave para o sucesso nos negócios

Respeitar seus superiores

Há muitos livros que descrevem maneiras de obter sucesso nos negócios, mas poucos, se é que algum, mencionam o respeito ao seu supervisor como primeira condição. No entanto, ao examinar melhor as pessoas que não conseguem sucesso no trabalho, descobrimos que elas não respeitam seus superiores. Na verdade, o respeito ao seu superior é tão crucial que o considero o primeiro ponto-chave para o sucesso nos negócios.

Claro, ninguém é perfeito; então, sem dúvida você irá encontrar falhas e deficiências em seu supervisor. Na realidade, é provável que você não tenha dificuldades em achar motivos para se queixar dele. Mas pode haver outros aspectos, positivos, de seu chefe, que talvez você não esteja vendo. O próprio fato de ele ter sido colocado como seu superior significa que alguém numa hierarquia ainda mais elevada concluiu que ele era competente para isso. Se você sente que o seu supervisor é totalmente inepto e só consegue ver falhas nele, é bem provável que não seja capaz de ir adiante nessa empresa.

Ao contrário, porém, se você fizer uma lista dos pontos fortes e fracos de seu chefe e descobrir que os pontos positivos superam de longe os negativos, terá uma chance muito boa de ser bem-sucedido. Alimentar uma imagem de seu supervisor como alguém menos capaz do que você só irá aumentar uma sensação de permanente frustração, e sua atitude desrespeitosa muito provavelmente também irá desagradar seu supervisor. E quando ambas as partes estão mutuamente insatisfeitas, é impossível obter sucesso nesse relacionamento de trabalho.

Se você acha que o seu supervisor não merece estar nessa função, pense nisso da seguinte maneira: o fato de ele ocupar o cargo é o resultado de realizações e de um desempenho que você até agora não foi capaz de alcançar. Conseguir respeitar seu supervisor é o primeiro passo para ter sucesso no trabalho.

Para compreender melhor seu relacionamento com seu chefe, imagine como seria uma situação entre o mestre e seu aprendiz. Mesmo que algumas coisas de seu mestre o incomodassem, você ainda ouviria seus conselhos. Se você cometesse algum erro, pediria desculpas. Portanto, você deve ter o mesmo tipo de relacionamento com seu supervisor no trabalho. Primeiro, tente encará-lo como seu mestre. Depois, adote uma atitude humilde de aprender com ele as coisas que ainda não tiver aprendido.

Talvez você tenha potencial para se tornar um grande líder dentro da sua organização. Seu chefe, por outro lado, pode estar chegando perto da aposentadoria ou mesmo prestes a ser demitido. Mas qualquer um pode criticar, e mesmo pessoas de pouco talento podem apontar falhas naqueles que se destacam por sua excelência. Na realidade, muitos grandes personagens da história foram criticados por pessoas comuns, e as críticas muitas vezes tinham fundamento.

Além disso, do mesmo modo que você pode criticar seu chefe, ele também pode criticá-lo, e essa crítica talvez não seja inteiramente fora de propósito. Seu supervisor tem condições de identificar facilmente suas dificuldades, mesmo que você seja o seu funcionário mais capaz e competente. Quando ele chamar a sua atenção, repreendê-lo ou lhe der uma bronca, em vez de considerar isso uma crítica despropositada, encare como uma oportunidade de refletir a respeito de como pode melhorar seu trabalho.

As pessoas que não respeitam seus chefes dificilmente obtêm sucesso, porque basicamente estão colocando em dúvida as decisões tomadas pelos altos executivos. Alguém em posição hierárquica mais elevada promoveu seu chefe para o cargo que ele ocupa, portanto, desrespeitá-lo significa, em última análise, que você não confia na decisão tomada pela alta administração.

Se você desaprova a pessoa que é responsável por dirigir a organização, dificilmente terá uma carreira de sucesso na empresa. Mas isso não quer dizer que a culpa seja sua ou da companhia; significa apenas que você e sua companhia não foram feitos um para o outro. Portanto, o primeiro princípio para o sucesso nos negócios, qualquer que seja o setor ou a organização em que você trabalha, é aprender a respeitar seus superiores.

Amar seus subordinados

Assim como é preciso respeitar os superiores, amar os subordinados é fundamental para o nosso êxito. Algumas pessoas acreditam equivocadamente que foram levadas até onde estão agora apenas por sua capacidade, mas nenhum de nós consegue alcançar grandeza sem o amor e o apoio dos subordinados. Podemos conquistar um sucesso temporário, mas com o tempo acabaremos perdendo a confiança dos outros e, com isso, também nossa posição de responsabilidade na empresa.

Em que consiste amar nossos subordinados? Consiste em ajudá-los a desenvolver seus pontos fortes e orientá-los para que superem suas deficiências. Nem sempre conseguimos escolher os funcionários que irão trabalhar sob nossa direção, mas mesmo assim é nossa responsabilidade ajudá-los a crescer para que se tornem pessoas de caráter nobre e capazes de realizar o trabalho de modo autônomo. É parte de nossa função ajudar os subordinados a desenvolverem suas capacidades e prepará-los para promoções a cargos mais importantes.

Quando guiamos os outros desse modo, o que mais deve nos preocupar é evitar ter ciúmes do talento deles. Algumas pessoas sentem-se ameaçadas por subordinados muito capazes e acabam implicando com tudo o que fazem, como se quisessem impedi-los de ter sucesso. É provável que, com esse tipo de comportamento, evitem que o subordinado cresça na companhia, mas também comprometem as próprias chances de promoção.

Os indivíduos que alcançam grandeza são os que apreciam as pessoas por suas aptidões, e valorizam e reconhecem os talentos e dotes únicos dos outros, quer elas mesmas tenham ou não talentos e dotes semelhantes. Aqueles entre nós que são verdadeiramente grandes ajudam os outros a desenvolver seu potencial.

Amar seus subordinados é ajudá-los a aprimorar seus aspectos positivos e ao mesmo tempo respeitar sua individualidade e singularidade. Se um dos subordinados é muito mais talentoso e capaz do que nós, devemos nos orgulhar por poder contar com um funcionário tão destacado. Só quando formos capazes de desenvolver esse tipo de estado mental é que conseguiremos obter sucesso.

Não alcançamos o sucesso sozinhos. Só podemos nos tornar bem-sucedidos com o apoio dos outros ou com o impulso dado pelas pessoas que estão abaixo de nós. Só teremos sucesso se conquistarmos a confiança dos outros. Se o superior não amar os seus subordinados, quem estará disposto a apoiar esse chefe? É o apoio e a aprovação dos que estão à nossa volta que nos levam a uma promoção a cargos mais elevados. O sucesso vem quando nos tornamos alguém com quem os outros gostariam de trabalhar.

O segundo ponto-chave do sucesso é tão importante que vale a pena repeti-lo: devemos cultivar o hábito de descobrir, elogiar e incentivar o talento e as capacidades excepcionais daqueles que trabalham sob nossa direção. Reconhecer as aptidões dos outros, quer tenhamos ou não as mesmas aptidões, promove nosso desenvolvimento e crescimento espiritual.

Produzir dez vezes mais do que aquilo que recebe

Às vezes pode ser frustrante ver que nossos colegas ganham mais do que nós, sobretudo quando sentimos que dedicamos mais tempo e esforço do que eles ao trabalho. Mesmo que a diferença no pagamento seja pequena, digamos 50 reais por mês, isso pode nos incomodar.

Por outro lado, se descobrimos que recebemos um bônus de 400 reais a mais do que os outros, podemos nos sentir gratificados e até sermos tentados a nos gabar disso. Talvez faça parte da natureza humana ficar inquieto ao ganhar mais ou menos dinheiro que os outros, mas, se queremos alcançar o ápice da excelência, precisamos romper com esse tipo de pensamento e começar a pensar de uma maneira que realmente nos traga benefícios.

Se sentir que o seu trabalho árduo merece uma remuneração maior, deve levar em conta o quanto a empresa já investiu em você. Suponha que você começou a trabalhar para sua companhia como empregado de nível iniciante, e que recebeu salários e bônus enquanto ainda não estava trazendo lucro para os negócios. Se incluir os benefícios que a companhia concede e mais outras despesas, ela provavelmente fez um grande investimento em você, porque empregados iniciantes em geral ainda não valem o salário que recebem.

Portanto, os outros empregados, mais experientes, devem ter sido responsáveis por gerar os lucros necessários para compensar o custo do seu salário. Isso significa que, quando obtemos maior conhecimento, talento e experiência, depois de vários anos trabalhando na empresa, precisamos começar a gerar um lucro que seja suficiente para pagar não só o nosso salário, mas o dos empregados que ainda não são competentes para ganhar o que custam.

Se queremos ser bem-sucedidos, devemos nos esforçar para trabalhar dez vezes mais do que fazemos, a fim de nos distinguirmos dos outros. Como regra geral, devemos ter como meta produzir lucros ou resultados que gerem um valor dez vezes maior do que aquilo que ganhamos.

Nenhuma empresa quer perder funcionários que tragam lucros dez vezes superiores aos seus salários. Se você, depois de um, dois ou três anos, não vê perspectiva de progresso, então talvez não seja a companhia certa para você, e provavelmente você pode arrumar outro emprego que lhe permita aproveitar melhor seu potencial.

No entanto, a maioria das pessoas sente-se frustrada com as diferenças entre o esforço que colocam no trabalho e a compensação financeira que recebem. Elas podem se queixar, por exemplo, de que estão trabalhando com um empenho 20% maior em relação aos outros, mas que recebem um bônus de apenas 10% a mais em seu pagamento. O fato, porém, de se queixarem de um problema tão trivial ilustra muito bem a razão pela qual elas não têm um aumento em seus rendimentos. Se você está descontente porque sente que o pequeno esforço adicional que está fazendo não está sendo reconhecido, isso pode significar simplesmente que você não tem consciência de como a companhia funciona.

Quando fazemos parte de uma organização, não é suficiente trabalhar apenas para ganhar o que vale nosso salário. Temos de produzir lucros equivalentes a várias vezes aquilo que ganhamos, a fim de compensar as pessoas que trabalham em seções não diretamente ligadas à geração de lucro, mas que também são necessárias para que a engrenagem continue funcionando.

Em outras palavras, você deve tentar tornar-se alguém que a sua companhia se sinta grata por ter como empregado.

Nunca se torne um fardo; ao contrário, torne-se um benfeitor, um impulso poderoso e positivo, capaz de liderar os outros no sentido de melhorar a vida de todos.

O verdadeiro sucesso chega para aqueles que trazem mudanças positivas à vida das pessoas ao redor deles. Portanto, em vez de se concentrar apenas em como você pode melhorar sua qualidade de vida, pense em como pode beneficiar sua companhia de modo que os lucros que você gera paguem os salários de todos os que trabalham com você.

Esse tipo de pensamento positivo e construtivo irá ajudar a melhorar a vida não só de seus colegas, mas também acabará melhorando a vida do resto do mundo. A infelicidade e as trevas não irão desaparecer enquanto estivermos concentrados apenas em iluminar nosso pequeno espaço. O mundo irá se tornar um lugar mais radiante e feliz quando cada um de nós aumentar sua luz dez vezes, para tornar mais luminosa a vida daqueles à nossa volta.

Para aumentar suas chances de sucesso, adote como princípio produzir dez vezes mais do que aquilo que recebe. Quando digo isso, porém, não estou me referindo ao tempo que você gasta trabalhando; não estou sugerindo que trabalhe dez vezes mais, em termos de horas. Afinal, o dia tem apenas 24 horas, e ninguém é capaz de diminuir ou aumentar o tempo que lhe é dado. Mesmo quando queremos trabalhar mais, o máximo que podemos fazer é estender nossa jornada de trabalho algumas horas, quando muito. Ao contrário, o que precisamos é aumentar o valor de nosso trabalho, maximizando nossa eficiência e produtividade, e isso é feito nos concentrando na realização das tarefas mais importantes.

Devemos também aplicar nosso esforço de aprimoramento propondo novas abordagens e contribuindo com ideias criativas.

Aproveitar ao máximo seus pontos fortes

Depois de colocar em prática os três pontos-chave do sucesso nos negócios – respeitar os superiores, amar os subordinados e aumentar o valor do nosso trabalho –, o mais importante a fazer é utilizar nossos pontos fortes – aqueles dons únicos com os quais nascemos.

Cada um de nós possui um caráter único, e isso é positivo. Mas é comum ocorrerem conflitos quando os indivíduos tentam expressar sua singularidade. As pessoas obstinadas, em particular, costumam causar atritos, porque tendem a impor suas opiniões e resistem a ceder à vontade dos outros. Saber amoldar-se é essencial para evitar conflitos, e as pessoas que evitam sobressair costumam ter bom desempenho em grandes corporações.

Progredir numa grande corporação requer habilidade nas relações sociais, e isso envolve saber ganhar a simpatia dos nossos superiores e, ao mesmo tempo, ser bem-aceito pelos subordinados. Como resultado, aqueles que trabalham em grandes organizações costumam cultivar a tendência de controlar sua individualidade, e alguns podem se sentir frustrados por não serem capazes de se expressar em seu trabalho.

Porém, se queremos ter uma vida satisfatória, que nos deixe felizes por estarmos vivendo, é essencial aproveitarmos ao máximo nossos talentos únicos. E como fazer o melhor uso de nossos dons e pontos fortes num ambiente corporativo? A resposta é: produzindo resultados concretos que resistam às críticas.

Se você estiver de fato contribuindo para o crescimento de sua companhia, será extremamente difícil para os seus opositores ignorar, criticar ou desvalorizar seus esforços. Entretanto, se você tenta destacar suas capacidades sem produzir resultados concretos que tragam benefícios claros à empresa, os outros facilmente irão interpretar mal seus esforços, e é provável que você enfrente situações difíceis.

As realizações concretas devem ser a base da expressão de seu caráter único. Desse modo, se você quer aproveitar ao máximo suas capacidades únicas e expressar sua personalidade no trabalho, procure produzir resultados tangíveis, de modo que ninguém possa negar o quanto você se esforça. Trabalhe com constância para criar um histórico de realizações que todos possam reconhecer objetivamente como grandes contribuições à companhia.

E, quando chegar a hora de você exercer suas habilidades únicas, é importante fazê-lo de maneira discreta. Expresse sua capacidade de forma gradual e cautelosa, como se estivesse acendendo uma vela dentro de você. Aos poucos, vá aumentando o tamanho da chama dessa vela até que ela brilhe o suficiente para iluminar o mundo fora de você.

Se você fizer a chama de seu entusiasmo incendiar-se com grande intensidade no início de sua carreira, seus colegas de trabalho poderão vê-lo como um estorvo. Portanto, comece com uma pequena centelha, e vá expressando seu talento aos poucos, conforme acumula resultados concretos.

No final, ficará óbvio para todos que você foi responsável por um conjunto de realizações. Em pouco tempo, então, você será capaz de levar o trabalho adiante do seu jeito, sem chamar demais a atenção dos outros.

Certas pessoas, quando são promovidas a um cargo mais alto, tentam fazer tudo à sua maneira desde o início. Mas, quando a oportunidade chega, o melhor é agir com prudência. Observe como seu predecessor lidou com projetos similares, ouça as opiniões dos outros e desempenhe suas novas responsabilidades sem alarde, com humildade. Então, à medida que for se inteirando da situação, será capaz de trabalhar com maior intensidade e fazer uso pleno de seu talento.

Melhorar sempre

O quinto ponto-chave para o sucesso nos negócios é se empenhar para melhorar a cada dia. Isso pode parecer algo fácil, sobretudo quando acabamos de assumir um cargo numa companhia. Contudo, após um tempo é comum o indivíduo ficar preso na rotina do trabalho. O risco é que, depois de passar alguns anos fazendo sempre as mesmas tarefas, você acabe perdendo interesse pelo serviço.

Para chegarmos a ser excepcionais, precisamos fazer um esforço contínuo para pensar em novas ideias e maneiras de melhorar nosso trabalho e manter o nível de entusiasmo – mesmo quando aqueles à nossa volta perdem a motivação, caem na preguiça e começam a colocar mais energia nas suas atividades de lazer.

Sem dúvida, o esforço constante para evoluir nos ajuda a desempenhar nossas atividades com maior eficiência e produtividade. Mas, além desses benefícios, uma atitude entusiasmada, de progresso constante, pode agir como um poderoso estimulante, influenciando positivamente as pessoas ao nosso redor e motivando-as a continuar melhorando também. Não são só as coisas ruins que se espalham; as coisas boas também são contagiantes.

Podemos ser criativos e inovadores em muitas situações, mesmo quando executamos as tarefas mais simples, mas ninguém pode nos ensinar como fazer isso. A melhor maneira de inovar no nosso trabalho é refletir sobre formas de resolver um problema específico ou avaliar se é possível lidar com uma situação de um modo absolutamente único, diferente daquele que estamos habituados a usar.

Por exemplo, um funcionário pode se sentir frustrado ao perceber o quanto é ineficiente, e talvez não tenha ideia da causa disso. Mas os colegas mais próximos talvez consigam identificar o problema e achar rapidamente uma solução. Pode ser algo tão simples quanto classificar os documentos em duas pilhas: uma de "tarefas a realizar" e outras de "tarefas já cumpridas". Talvez a dificuldade seja apenas definir prioridades no trabalho, e isso pode ser a causa da perda de tempo. Ou talvez o funcionário passe tempo demais ao telefone e, nesse caso, mudar a maneira de gerir as chamadas telefônicas – por exemplo, indo direto ao ponto e mantendo a conversa da forma mais objetiva possível – quem sabe permita encurtar o tempo gasto ao telefone e faça sobrar mais tempo para as outras tarefas.

Podemos introduzir novas ideias não só aumentando nosso conhecimento sobre assuntos ligados às nossas atividades, como também aprendendo com os outros, vendo como lidam com seus encargos. Com base nas minhas observações das pessoas com as quais trabalhei no mundo dos negócios, aprendi que aquelas que se dedicam apenas a fazer o próprio serviço não alcançam realizações de destaque. E aquelas que prestam atenção ao que os outros estão fazendo e aprendem com eles costumam alcançar a excelência.

Podemos descobrir ideias engenhosas para nossas atividades profissionais interagindo com nossos colegas e prestando muita atenção à maneira como trabalham, se comunicam e às novas informações que compartilham.

Fazer pequenas mudanças todos os dias, como adotar a maneira eloquente que alguém exibe ao falar ao telefone, pode aos poucos nos transformar em pessoas extraordinárias. Se decidirmos aprender o tempo todo com os outros, vendo como tomam decisões e como desenvolvem novas ideias e as incorporam ao próprio trabalho, iremos nos tornar mais capazes e acabaremos desenvolvendo um estilo e uma abordagem originais.

Precisamos usar nossos olhos não só para ver o que está bem diante de nós; devemos usá-los para observar o que os outros fazem. O mesmo vale para os nossos ouvidos. Devemos usá-los para ouvir o que os outros estão dizendo. Fazer esse tipo de esforço para melhorar, que pode ser pequeno mas deve ser constante, é fundamental para o sucesso.

Além disso, devemos sempre acompanhar o que passa pela mente das pessoas em cargos mais elevados e ver o que podemos fazer para ajudá-las. "Entrar na pele" de nossos chefes e estar sempre atento ao tipo de ajuda que eles podem estar precisando de nós é algo que libera nossa criatividade e faz surgir ideias inovadoras.

Ampliar sua visão da vida

Meu desejo sincero é que todos os meus leitores alcancem sucesso em sua atividade profissional, mas não estou sugerindo simplesmente que sejam competentes no que fazem ou se tornem *workaholics*. Não podemos medir nosso sucesso apenas por nosso nível de utilidade. Por mais capazes que sejamos, o sucesso ficará distante do nosso alcance se os outros não gostarem de nós como pessoas ou se sentirem incomodados ao nosso lado e aliviados quando saímos de perto.

O local de trabalho nos permite acumular experiência de vida; portanto, é também um lugar onde podemos compartilhar verdades espirituais com os outros. Nós, seres humanos, estamos sempre influenciando uns aos outros por meio de conversas e interações diárias. As palavras que pronunciamos têm o poder de guiar os outros. Por isso, é muito importante observar as pessoas e conhecer sua filosofia de vida, em vez de ficar apenas tentando assimilar habilidades e conhecimentos específicos que possuem relacionados ao trabalho. E, embora seja maravilhoso aprender com pessoas que são mais competentes do que nós, podemos também fazer isso com aqueles que não são tão competentes. É possível crescer observando seus pontos fortes e até mesmo os erros que cometem, analisando as razões que os levam a cometê-los. Esse é o sexto ponto-chave para alcançar o sucesso nos negócios.

Nosso ambiente de trabalho oferece uma oportunidade de conhecer e lidar com uma incrível diversidade de pessoas, que sempre têm algo a nos ensinar. Conhecer tipos diferentes de pessoas e suas características únicas pode nos ajudar de várias maneiras. Devemos nos concentrar principalmente em aprender o pensamento básico e os padrões de comportamento dos demais. Ao aprofundar nossa compreensão das diferentes maneiras de pensar, acumulamos conhecimento e podemos transformá-lo em experiência. Não há limite para a profundidade de conhecimento que você pode adquirir. E, à medida que aprofundamos nosso nível de compreensão, somos capazes de melhorar como seres humanos.

Não devemos nos contentar apenas em fazer um trabalho bem feito. Acredito que, tão importante quanto isso, se não mais, é crescer espiritualmente e desenvolver uma visão mais ampla da vida por meio de nosso trabalho cotidiano.

Devotar-se ao Divino

O sétimo ponto-chave do sucesso nos negócios constitui um ótimo conselho para aqueles que já vêm praticando os seis primeiros princípios. Se você é uma dessas pessoas, provavelmente já alcançou certo grau de sucesso no trabalho e começou a se destacar de seus colegas. Porém, é quando nos tornamos confiantes em nossa capacidade que estamos mais perto de cair numa armadilha.

Quando sentimos que já sabemos exatamente o que os outros pensam e que tudo o que fazemos com certeza dará certo, podemos cair numa atitude de arrogância. Quando nos sentimos assim, é sinal de que nossa visão do mundo está sendo limitada; ou seja, temos noção apenas daquilo que fizemos até agora e não de todas as demais áreas, nas quais nos falta experiência.

Se você sente que alcançou vitória no pequeno mundo do seu negócio, distancie-se um pouco e dê uma olhada no resto do mundo. O mundo é muito maior do que você pensa. Procure de vez em quando olhar o céu à noite e sentir a vastidão do universo. Pondere sobre o mistério do universo e contemple suas leis. Pergunte-se qual é o nosso propósito como seres humanos, nascendo e morrendo neste planeta. Qual o sentido da nossa vida aqui, já que um dia ela irá terminar? Qual a importância de todas as obras e realizações criadas pelas gerações que nos antecederam?

Olhe para este nosso mundo por uma perspectiva mais elevada e examine, de tempos em tempos, todas as pessoas com as quais você trabalha, inclusive aquelas com as quais você não se dá bem, e encare todas elas como membros da tripulação dessa espaçonave chamada Terra.

O que estou tentando dizer aqui é que nunca devemos nos esquecer de reverenciar o Divino. À medida que formos subindo de posição na hierarquia da empresa e ficando responsáveis por um número maior de funcionários, precisamos aprofundar cada vez mais nossa devoção ao Divino – a existência que transcende o entendimento humano. Podemos às vezes sentir que os seres humanos são todo-poderosos, mas quando acreditamos em um Ser Superior ou um Deus, e nos tornamos conscientes da perspectiva mais ampla dessa grande existência, compreendemos o quanto nossa existência é na realidade ínfima.

Em outras palavras, nunca devemos deixar de ser humildes. Quanto mais alto subimos na escada do sucesso, mais humildes devemos ser, mais altruístas e despretensiosos conforme avançamos para uma consciência maior. Essa humildade irá nos ajudar a perseguir metas ainda mais elevadas, a superar nossas fraquezas e dificuldades e a continuar melhorando.

O verdadeiro sucesso nos negócios só é possível quando nos tornamos conscientes de que a vida é algo que nos foi dado, e que só continuamos vivos graças à ajuda que recebemos de toda a criação e ao desejo do Grande Universo.

Alcançar o tipo de sucesso que só é medido em números não garante o sucesso no sentido mais verdadeiro. Por mais brilhantes que suas realizações possam parecer, um dia você irá sair do mundo dos negócios. O que irá ficar com você quando for embora? O que irá deixar como prova de sua existência? Quais são as coisas que ninguém mais além de você poderia ter trazido a este mundo?

Essa é a perspectiva que devemos ter sempre em mente enquanto trilhamos a estrada rumo ao sucesso. Podemos alcançar o verdadeiro sucesso quando criamos bons resultados com uma atitude humilde e uma devoção de manifestar e realizar o Desejo Divino.

Deixar um legado espiritual

O último ponto-chave do sucesso nos negócios que eu gostaria de discutir diz respeito ao tipo de legado espiritual que podemos deixar por meio de nosso trabalho, seja qual for nossa ocupação, cargo ou título. Ao longo de nossa passagem por este mundo, deixamos um registro de nossa jornada espiritual. E chegará um momento em que teremos de fazer uma revisão de nossa vida e analisar quais dádivas fomos capazes de compartilhar com aqueles que encontramos durante o caminho.

Nessa hora, será inevitável o confronto com os muitos erros que cometemos na vida. Talvez você possa se sentir envergonhado por sua estupidez e ter a sensação de que jamais será capaz de escapar de seus fracassos. Mas, ao sentir sua impotência diante dos erros que tiver cometido, você deve tentar compensar isso, e a melhor maneira de fazê-lo é deixar algo que possa beneficiar os outros.

A maior dádiva que podemos transmitir aos outros é a espiritual. Uma dádiva espiritual deixa um aroma celestial no coração daqueles que entram em contato conosco ao longo da vida, inclusive nosso supervisor, nossos subordinados e colegas. Não importa que papel alguém tenha na nossa vida, devemos sempre tentar deixar como legado um presente no coração de todos, para que se sintam felizes por terem nos conhecido e trabalhado conosco. Uma vida vivida sem que tenhamos deixado um presente espiritual desse tipo é uma existência fútil. Devemos desejar sempre compartilhar uma dádiva celestial com cada pessoa que encontrarmos, a cada oportunidade que nos for dada. Esse presente irá tocar o coração das pessoas e trazer alívio à sua mente, como uma brisa de maio, e continuará com elas, por mais sutil que seja, por muito tempo depois que tivermos ido embora.

Talvez haja um limite para aquilo que somos capazes de fazer por aqueles com quem convivemos no trabalho, mas podemos pelo menos lançar um olhar amável a cada um. Podemos ouvir com atenção todos aqueles que cruzam nosso caminho, sentir suas dores e compreender seus sofrimentos, e podemos oferecer-lhes palavras de encorajamento e de apoio. Espero sinceramente que muitas pessoas sejam capazes de deixar como legado essas dádivas e presentes espirituais, porque esse é o caminho mais seguro para alcançar um grande sucesso.

Capítulo 5

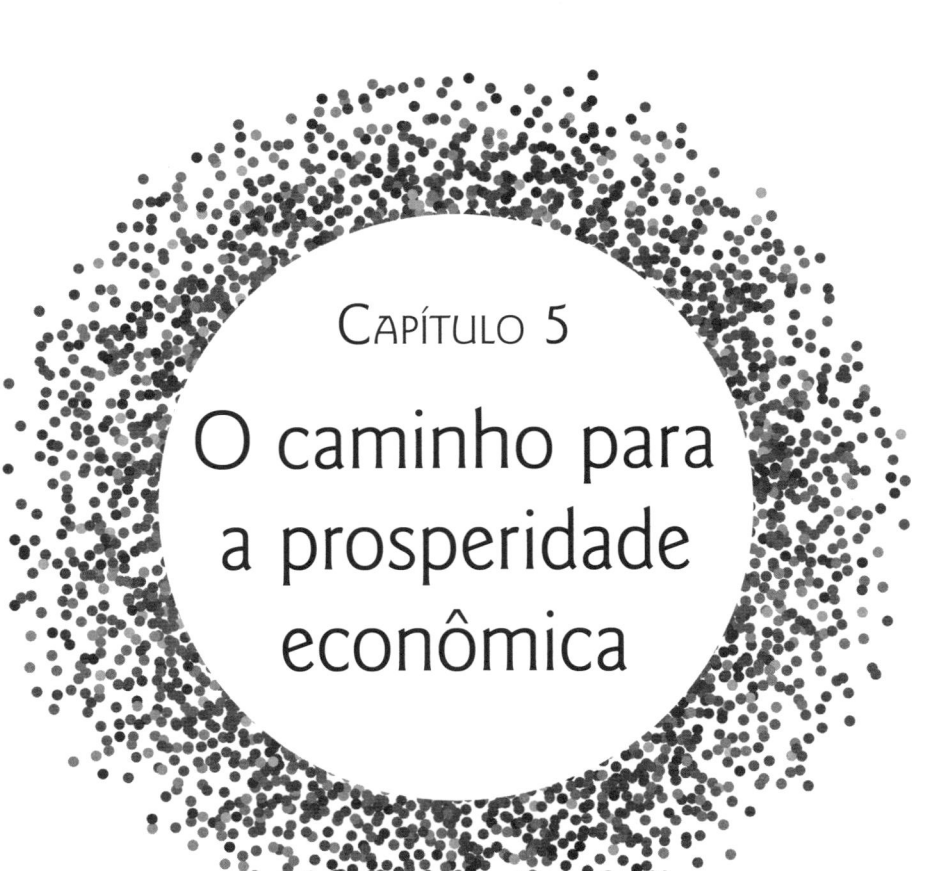

O caminho para a prosperidade econômica

O que é atividade econômica?

Para iniciar este capítulo, eu gostaria de examinar o papel que as atividades econômicas têm na nossa sociedade. A economia baseada no dinheiro foi desenvolvida em um período relativamente recente da cronologia da história humana. Porém, mesmo antes de usarmos o dinheiro como meio de troca, os seres humanos já contavam com sistemas econômicos. As atividades econômicas – como medir o valor de nosso trabalho diário, poupar parte do que ganhamos e trocar por algo de igual valor – dão origem a um sistema econômico.

Não sou adepto da velha teoria do valor-trabalho, mas acredito que na base das atividades econômicas estão as atividades humanas dotadas de um valor que possa ser medido de modo objetivo. Em outras palavras, as ações que podem ter valor para nós pessoalmente mas que não têm um valor objetivo não são atividades econômicas.

A pesca, por exemplo, pode ser considerada uma atividade econômica porque o peixe pescado tem um valor objetivo. O pescador pode vender o peixe ou trocá-lo por algo de valor equivalente. Mesmo que decida ele mesmo comer o peixe, este ainda terá valor econômico, porque o pescador não precisará mais comprá-lo para obter o alimento que teria de adquirir caso não contasse com o peixe. Nesse sentido, o peixe tem valor igual àquilo que o pescador teria gasto por sua refeição.

Quais são as atividades humanas que não têm valor objetivo? Vamos supor que uma pessoa passa o tempo inteiro estudando minhocas. Não se trata de uma atividade econômica. Mas se, em consequência desse seu estudo, a pessoa aprende a criar minhocas em larga escala, pode transformar seu passatempo numa atividade econômica. Por exemplo, pode vendê-las para algum praticante da medicina tradicional chinesa ou usar a terra onde elas vivem como nutriente. Portanto, podemos transformar em atividades econômicas aquelas ações que originalmente não tenham valor objetivo.

As atividades econômicas não precisam envolver dinheiro vivo, mas devem resultar em algum tipo de bem ou serviço que tenha valor objetivo para os outros. Os esquimós, por exemplo, não usam dinheiro; em vez disso, seu sistema econômico baseia-se no escambo: eles trocam carne e peles de foca por outros bens. Esse tipo de troca de bens constitui uma atividade econômica porque a pele e a carne da foca têm valor para eles e para as outras pessoas.

Em suma, uma atividade econômica é uma atividade humana que produz um valor objetivo, algo que tanto nós quanto os outros podemos calcular.

O que é valor?

O que faz, então, com que uma coisa tenha valor? Acredito que o valor tenha dois elementos essenciais. O primeiro é a *utilidade* – o valor intrínseco do bem ou serviço. Pegue as frutas, por exemplo. Elas são comestíveis e constituem uma fonte de fibras e vitaminas, e fazem bem à saúde. Do mesmo modo, as vacas, o leite, a galinha e os ovos, todos têm seu valor intrínseco.

O segundo elemento é o *reconhecimento*, ou seja, o nosso reconhecimento do valor de um bem ou serviço. Os diamantes são um bom exemplo disso. Do ponto de vista da utilidade, um par de tesouras ou um kit de costura tem mais valor do que um diamante. Mas sabemos que os diamantes são muito mais valiosos. Isso ocorre porque *atribuímos* um alto valor a eles.

Atribuímos um valor elevado aos diamantes por duas razões: por sua beleza e por sua raridade. Se houvesse diamantes por toda parte, como há seixos nos leitos dos rios, certamente não iríamos atribuir-lhes um valor tão alto; ao contrário, talvez ficássemos cansados de tanto ver diamantes e os tratássemos como algo insignificante, como entulho. Se vivêssemos rodeados de diamantes, talvez até alguns se queixassem de seu brilho, ofuscante demais para os olhos. Mas consideramos os diamantes valiosos porque são ao mesmo tempo raros e belos. Podem não ter valor intrínseco, como os ovos ou o leite, mas são muito valiosos porque os reconhecemos e os avaliamos desse modo.

Olhando por outro ponto de vista, porém, tanto os ovos quanto os diamantes têm valor por si; a única diferença é que existe um valor que pode ser reconhecido por todos e um valor gerado pelo homem.

Outro tipo de valor é aquele produzido por ações humanas. Algumas técnicas de manufatura podem transformar materiais brutos em objetos úteis. Por exemplo, pode-se criar uma ferramenta útil a partir de um bloco de ferro. Pode-se aumentar o valor de um fio ao tecê-lo e produzir um tecido. Desse modo, transformamos um material de baixo valor num objeto de valor mais alto, e o objeto adquire maior valor não por termos desenvolvido uma afeição por ele, mas porque a atividade humana o transformou em algo que serve a um propósito. Por outro lado, acrescentamos valor quando nosso trabalho cria demanda – ou seja, quando ele faz com que muitas pessoas se mostrem dispostas a adquirir aquilo que produzimos.

"Valor verdade" e "valor utopia"

A expressão *valor agregado* costuma ser usada com frequência em economia para indicar o que nosso trabalho acrescenta de valor a um produto ou serviço. O valor agregado desempenha um papel importante na economia atual. Por exemplo, uma camisa branca básica pode ser vendida por 10 dólares, mas quando acrescentamos um bordado elaborado, o preço pode dobrar ou triplicar. E é possível também aumentar o preço dando-lhe um design único.

Algum tempo atrás, um economista japonês previu a chegada de uma "era do valor baseado em conhecimento", na qual os consumidores pagariam pelo valor do conhecimento e das ideias. Ele citou como exemplo desse valor certas marcas de grife. No caso das gravatas, por exemplo, não há muita diferença entre o custo do material de que são feitas as gravatas, mas as de grifes famosas como Gucci e Hermès têm preços muito superiores aos das gravatas comuns. É assim que ideias intangíveis acrescentam valor a um produto.

No entanto, não acredito que esse "valor conhecimento" por si só chegue a ser suficiente como única base de nossas atividades econômicas. Digo isso porque acredito que o que importa agora é a *natureza* do conhecimento que podemos incluir nas atividades. Nossa necessidade agora não é de mero conhecimento, mas de sabedoria capaz de contribuir para o desenvolvimento e a evolução das leis que governam o grande universo. Devemos avaliar o valor de nossas atividades econômicas com base no *valor verdade*, como eu o chamo, e não do valor conhecimento.

Em alguns casos, as ideias, bens e serviços que as pessoas produzem com o objetivo de melhorar as coisas acabam na realidade provocando danos. Por exemplo, digamos que determinada fábrica acredite que seus novos métodos de redução de custos são úteis à companhia. Mas a maneira de cortar custos que a empresa encontrou é negligenciar o tratamento da água residual e despejá-la nos rios locais, causando danos aos moradores das vizinhanças. Nesse caso, a ideia não é adequada do ponto de vista do *valor verdade*, pois acaba prejudicando pessoas. Portanto, não se trata apenas do conhecimento ou da ideia em si, mas da sua natureza, que é o fator determinante para dizer se há ou não uma criação de valor verdadeiro.

Hoje, o individualismo ocidental encontra-se disseminado pelo mundo; essa mentalidade defende que as pessoas tomem a iniciativa de se envolver em atividades que lhes tragam lucro, status elevado e respeito por suas realizações. Entretanto, se as nossas ações estiverem baseadas em motivos egoístas, nossa visão permanecerá sombria. Devemos usar nosso conhecimento, nossas ideias e nosso saber em benefício da sociedade como um todo, e contribuir para o desenvolvimento de toda a espécie humana. Só assim nosso conhecimento criará valor agregado para todos.

Para continuar a expandir essa ideia, eu gostaria de introduzir a expressão *valor utopia*. Esse conceito ajuda a ver as atividades econômicas sob o ponto de vista do quanto devemos contribuir para a criação de um mundo ideal. Citando de novo o exemplo das gravatas, uma de grife pode nos fazer parecer sofisticados e atraentes. Mas talvez não tenha um *valor utopia* alto – isto é, não contribua muito para o mundo.

Os livros são outro exemplo. O preço de uma obra costuma ser definido por seus custos de impressão, papel e despesas com divulgação. No entanto, dois livros com o mesmo preço podem não ter o mesmo *valor utopia*. Um pode contribuir muito para o bem da humanidade, e o outro talvez seja prejudicial ao nosso bem-estar. Em termos de *valor utopia* relativo, um pode valer dez vezes mais que o outro, mesmo que na etiqueta da livraria o preço seja o mesmo.

Penso que as nossas atividades econômicas deveriam basear-se num novo tipo de economia que incluísse o *valor verdade* e o *valor utopia*. Prevejo uma nova era em que os líderes religiosos trabalharão junto aos economistas para criar um sistema de valores desse tipo.

O que é prosperidade econômica?

Como você definiria a prosperidade econômica? Eu acredito que é possível alcançar a prosperidade econômica em vários níveis. No nível individual, cada um de nós pode ter prosperidade nas finanças pessoais. No nível corporativo, as companhias e organizações podem se desenvolver e tornar-se prósperas. No nível nacional, regiões e nações também podem alcançar a prosperidade. Em nível multinacional, continental, entidades internacionais como a União Europeia podem tornar-se igualmente prósperas. E, por fim, em nível global, pode-se chegar à prosperidade econômica em escala planetária.

A prosperidade econômica possui duas características essenciais. Primeiro, do ponto de vista puramente científico, temos prosperidade econômica quando há cada vez mais pessoas e bens em circulação em determinado período de tempo e espaço. A prosperidade econômica tem por base um drástico aumento no fluxo de pessoas e bens num país, região ou organização, por certo período de tempo. Essa intensa atividade leva a um aumento no fluxo de dinheiro, que é o meio de troca usado para pagar por bens, serviços e trabalho. Portanto, a prosperidade econômica gera abundantes trocas, transferências e outras atividades que envolvem *pessoas*, *bens*, *dinheiro* e, na nossa sociedade atual, *informações*. Em tempos de prosperidade econômica, vemos esses quatro elementos movimentando-se e circulando rapidamente.

Também é possível dar uma definição subjetiva de prosperidade, da perspectiva das pessoas que a experimentam. Em tempos prósperos, pessoas ativas dentro da economia extraem grande satisfação de seu trabalho e têm grandes esperanças em relação ao futuro. As pessoas veem propósito na atividade profissional que realizam, acreditam que terão um futuro brilhante e nutrem altas expectativas em relação a oportunidades de emprego, desenvolvimento nos negócios e expansão econômica.

Por fim, podemos definir a prosperidade econômica do ponto de vista espiritual. Os seres humanos são essencialmente seres espirituais encarnados neste mundo, têm uma vida temporária e retornam ao mundo espiritual após a morte. Somos prósperos quando nossa alma está alegre e brilha com intensidade. Vivemos em tempos de prosperidade econômica quando estamos gravando em nossa alma o valor e o prazer de levar uma vida cheia de experiências profundas e preciosas, com energia e vigor.

Prosperidade atrai prosperidade

A prosperidade econômica está sujeita à lei da atração: prosperidade atrai prosperidade. Quando um negócio começa a ir bem, todos os elementos de prosperidade econômica encaminham-se de maneira favorável para esse negócio – pessoas, bens, dinheiro e informação. E aqueles que estão envolvidos no negócio encontram motivação, satisfação e entusiasmo em seu trabalho.

Quando os olhos de um trabalhador brilham de alegria enquanto ele realiza suas tarefas, sua energia positiva se espalha para os colegas, e o local de trabalho inteiro vibra de vitalidade. Essa atmosfera positiva atrai cada vez mais pessoas que querem fazer parte dela, levando a organização a ter mais sucesso ainda. Esse é um exemplo de como a prosperidade atrai prosperidade.

Essa mesma lei da atração funciona também em relação à riqueza: riqueza atrai riqueza. Há três tipos de riqueza. A primeira é a financeira. A segunda é a riqueza de conhecimento, que também pode ser chamada de sabedoria. Esse tipo de conhecimento pode ser útil em várias situações da vida. O terceiro tipo é a riqueza de capital humano. Quando um grande número de pessoas se envolve no trabalho de uma organização, ela dispõe de uma riqueza em capital humano. A prosperidade atrai prosperidade quando esses três elementos – riqueza financeira, riqueza de conhecimento e riqueza de capital humano – criam sinergia positiva. Para alcançar a prosperidade econômica precisamos usar um desses elementos, ou uma combinação de dois ou três deles, para caminhar numa melhor direção como um todo. Por exemplo, com riqueza financeira, podemos consolidar nossa prosperidade empregando pessoal de excelente nível ou usando fundos para obter informações, conhecimento e know-how em uma variedade de áreas.

Mesmo quando não temos capital financeiro, podemos ainda assim usar os outros dois elementos para alcançar a prosperidade econômica. Se temos um estoque de conhecimento ou de ideias, podemos iniciar um novo negócio a partir daí. Muitos dos empreendimentos mais bem-sucedidos hoje em dia começaram com uma ideia simples ou com um pensamento que alguém teve. Boas ideias atraem colaboradores e fundos. Se temos riqueza de conhecimentos, podemos usá-los como capital para criar uma substancial prosperidade.

Assegurar um excelente capital humano também pode trazer prosperidade econômica. Com a ajuda de pessoas brilhantes podemos iniciar qualquer tipo de negócio. Mesmo com carência tanto de fundos quanto de expertise, é possível começar um novo projeto, desde que contemos com um grupo de pessoas talentosas para nos ajudar. Na realidade, costuma ser necessário contar com pessoas fora de série para ter sucesso num novo negócio. Você pode ser novato na área, e talvez tenha fundos limitados para investir, mas sua chance de sucesso será alta se você dispuser de uma equipe excelente.

Na nossa sociedade atual, em rápida mudança, as pessoas tendem a mudar com frequência de emprego. Algumas se dão bem no novo trabalho, outras não. Porém, as que dão certo costumam ser aquelas que já alcançaram sucesso em seus empregos anteriores. Essas pessoas têm uma confiança que se torna visível porque já experimentaram o sucesso antes. Aqueles que estão em volta delas também reconhecem sua capacidade de bom desempenho em determinada área.

Novos negócios podem ter sucesso quando são contratados indivíduos capazes, competentes e talentosos, mesmo que todos os seus sucessos anteriores tenham ocorrido numa área totalmente diferente. Por exemplo, um curso vestibular no Japão expandiu seu negócio rapidamente depois de recrutar um profissional de uma corretora de ações. Trazer uma pessoa que tenha se distinguido numa área diferente pode promover uma transformação radical na companhia, e produzir resultados totalmente inesperados.

Eu gostaria de enfatizar mais uma vez a importância desses três elementos – fundos, conhecimento ou ideias e capital humano – como essenciais para alcançar prosperidade. Ter os três é garantia de sucesso, mas mesmo com um deles, podemos abrir caminho rumo à prosperidade.

As quatro condições para a verdadeira prosperidade

Eu pretendo concluir este capítulo com uma discussão sobre a verdadeira prosperidade. Como disse antes, a prosperidade é um estado no qual pessoas, bens, dinheiro e informação circulam em alta velocidade num determinado tempo e espaço, e no qual as pessoas envolvidas estão cheias de esperança e entusiasmo. Eu gostaria agora de analisar a prosperidade econômica por um ângulo diferente: pela perspectiva do crescimento humano.

Acredito que, para alcançar a prosperidade e ser bem-sucedido no verdadeiro sentido, precisamos atender a quatro condições. Primeiro, os outros precisam reconhecer nosso sucesso. Não é suficiente afirmar que alcançamos sucesso; nosso trabalho deve ser objetivamente bem-sucedido aos olhos da sociedade. Devemos confiar na avaliação que a sociedade faz de nossas realizações. A verdadeira prosperidade deve ser acompanhada do reconhecimento de nosso sucesso por parte da maioria das pessoas da sociedade.

Trata-se de uma ferramenta importante para medir nosso sucesso, e isso vale não só para o reconhecimento que recebemos por nossas realizações mundanas, mas também para o sucesso que venha revestido de um valor espiritual. Por exemplo, se alguém alcança prosperidade financeira por meio de uma ação criminosa, a sociedade não irá reconhecer isso como um sucesso verdadeiro. Do mesmo modo, imensos lucros provenientes de especulações imobiliárias arriscadas não devem ser considerados como verdadeira prosperidade. O sucesso financeiro que decorre de ganhos ilícitos, à custa dos outros, apenas trará má reputação. Portanto, embora o reconhecimento social não seja o único fator a determinar o nosso sucesso, ainda assim é importante que pessoas sensatas reconheçam nossas realizações.

A segunda condição da verdadeira prosperidade é o crescimento e desenvolvimento de nosso caráter. A prosperidade duradoura requer um constante aperfeiçoamento pessoal. Se uma companhia cresce, o indivíduo que está encarregado dela deve também crescer. Uma companhia irá crescer de modo consistente desde que seu diretor continue pensando de maneira adequada à escala do negócio e siga inovando e se aprimorando.

A terceira condição da verdadeira prosperidade é ter uma influência social à altura do nosso nível de riqueza. Ter uma grande conta bancária não é suficiente para nos tornarmos de fato prósperos. Precisamos exercer um impacto positivo ao nosso redor por meio do conjunto formado por riqueza, prestígio social, fama e outros fatores, a fim de poder beneficiar a sociedade.

A quarta condição da verdadeira prosperidade é uma vida sem arrependimentos. Não importa quanto lucro seja gerado, só alcançaremos a verdadeira prosperidade se encontrarmos um propósito e um sentido em nosso trabalho. Mesmo uma oportunidade de negócios inesperada que nos garanta um grande sucesso financeiro não irá tornar-nos espiritualmente prósperos se a meta que buscamos alcançar não estiver em sintonia com a inclinação natural de nossa alma.

Por exemplo, se alguém que se dedica a perseguir valores espirituais entrar num empreendimento e passar o tempo todo buscando apenas lucro, irá sentir-se interiormente vazio e lamentará estar perdendo seu tempo de vida com isso. Cada alma tem suas características únicas, e as almas que têm afinidade com religião, espiritualidade ou filosofia costumam não se adequar a negócios especulativos. O sucesso que alcançamos numa área não compatível com nossas inclinações naturais pode se tornar uma fonte de sofrimento a longo prazo.

Para viver uma vida sem arrependimentos é essencial que nosso sucesso se ocorra numa área que vibre em sintonia com as características de nossa alma. Assim, para preencher essa quarta condição da verdadeira prosperidade, precisamos encontrar atividades que promovam ativamente a evolução da nossa alma. Se você sente que o seu emprego atual não contribui para o seu crescimento espiritual, acabará tendo de mudar o rumo de sua carreira. Nesse caso, sugiro que comece construindo uma base para o seu sucesso financeiro e só então defina o próximo passo a dar.

Capítulo 6

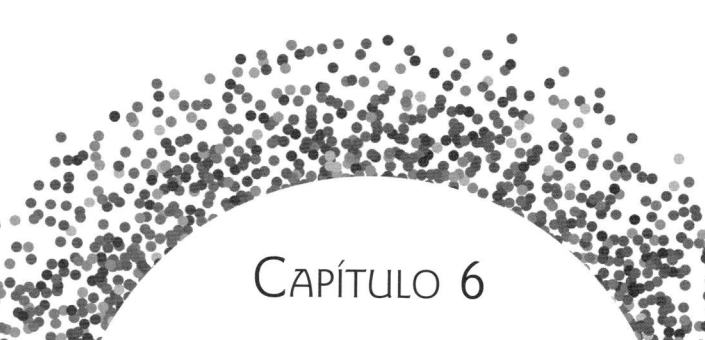

O pensamento orientado para o desenvolvimento

• O PENSAMENTO ORIENTADO PARA O DESENVOLVIMENTO •

O poder milagroso do pensamento

Neste capítulo eu gostaria de examinar uma das funções da mente humana: o *pensamento*. Essa exploração será importante para compreendermos os princípios do sucesso no mundo atual.

Quero começar falando sobre a maneira como nossos pensamentos funcionam. Podemos considerar os *pensamentos* como os *conceitos somados ao nosso querer*. Enquanto os conceitos são ideias gerais, a vontade é mais orientada e tem um objetivo claro. Portanto, os pensamentos são ideias gerais que são fixadas numa direção determinada. Nesse contexto, então, a palavra *pensamento* significa basicamente o mesmo que *plano de vida*, que é a nossa visão do futuro expressa em ideias específicas sobre a forma como queremos viver. Essa visão torna-se poderosa quando a acolhemos de maneira constante e persistente, todos os dias.

Hoje, a maioria das pessoas não se dá conta do poder dos pensamentos. Eles têm um potencial imenso e podem até assumir uma força física. Nossos pensamentos funcionam como a planta de uma casa. Precisamos de um projeto ou de uma planta para construir uma casa. De modo semelhante, os pensamentos que preservamos na mente constroem nossa vida.

Uma planta ganha vida quando nossa vontade nos leva a realizar as ações necessárias para construir a casa, como fazer uma estimativa dos custos da construção, levantar o dinheiro necessário e contratar as pessoas para construí-la. Assim como nossos filhos crescem e começam a ter a própria vida, nossos pensamentos começam a agir por conta própria a partir do momento em que os concebemos. É nisso que consiste o ato de criar; é assim que produzimos as coisas a partir do zero.

Os pensamentos são invisíveis e inaudíveis; portanto, a maioria de nós nunca teve como ouvi-los ou vê-los. No entanto, com os olhos espirituais conseguimos ver de que modo as imagens e ideias projetadas por nossa mente flutuam no ar e viajam pelo mundo. Estamos cercados por espirais de pensamentos das pessoas, e nossos pensamentos exercem influência uns sobre os outros à medida que dão origem a uma criação.

A metáfora da casa e de sua planta explica bem como isso funciona. Suponha que um jovem muito ambicioso desenhe a planta de uma casa e a deixe exposta onde todos possam vê-la. Alguém que passe por ali e veja a planta poderá pensar: "Puxa, isso daria uma bela casa. Gostaria de vê-la quando ficasse pronta". Esta pessoa então procura o rapaz e descobre que aquele jovem e talentoso arquiteto não tem dinheiro suficiente para construir a casa. Então, o homem diz: "Posso ver que você tem um futuro brilhante pela frente como arquiteto: portanto, quero ajudá-lo a construir essa casa e fazer com que seu sonho se torne realidade".

Em seguida, esta pessoa chama os amigos para verem a planta e pede que o ajudem a construir a casa. Um deles diz: "Posso cuidar do dinheiro. Eu mesmo vou bancar metade da casa, e tenho crédito para pegar o resto por meio de um empréstimo do banco". Outro amigo comenta: "Conheço um carpinteiro excelente. Ele pode começar a trabalhar este mês mesmo. Vou ligar para ele já".

Precisamos de uma planta porque o simples fato de dizer que queremos construir uma casa não nos garante a ajuda específica de que necessitamos. Ter uma visão clara de nossas intenções atrai pessoas que estejam interessadas em nossos sonhos e sejam capazes de apoiá-los. Quando ficamos o tempo todo contando às pessoas como queremos que a nossa casa fique quando estiver pronta, onde temos intenção de construí-la e qual será o propósito dela, quem não estiver interessado simplesmente seguirá seu caminho, mas quem tiver interesse ficará encantado com a ideia. Se a nossa construção se destinar a uma fábrica de tapetes persas, por exemplo, um designer de interiores talvez se sinta atraído por isso e até ofereça ajuda. Pode até compartilhar sua ideia com os amigos, e estes talvez se ofereçam também para participar.

Definir metas com clareza é uma atitude poderosa: estabelece seu foco e cativa a imaginação de pessoas que tenham a mente similar, e esses dois fatores aumentam as possibilidades de que seu sonho ganhe forma. Se você se agarra a uma visão concreta daquilo que pretende alcançar e compartilha essa visão com os outros, aqueles que se sentirem inspirados por sua visão irão ajudá-lo a torná-la realidade.

Sua visão clara irá atrair não só pessoas deste mundo, como também seres do mundo invisível que existe além deste nosso mundo material. Embora a maioria dos seres humanos não tenha consciência de sua existência, nós possuímos um espírito guardião e espíritos guias que cuidam de nós e tentam nos ajudar de lá do mundo espiritual. Sustentar uma visão clara e forte ajuda-nos a receber o auxílio desses seres da quarta dimensão e de outras dimensões ainda mais elevadas. Portanto, o primeiro passo para tornar nossos sonhos realidade é reconhecer o poder dos nossos pensamentos.

• O PENSAMENTO ORIENTADO PARA O DESENVOLVIMENTO •

Manifeste seus pensamentos

Muitas vezes temos imagens vagas do que queremos criar, mas é difícil criar de fato essas coisas na vida real, já que isso costuma exigir muita habilidade e treino. Os desafios práticos para fazer com que nossa visão se torne realidade podem nos levar a um pensamento negativo. Vamos supor que nossa ideia é construir uma casa; depois de um ou dois dias, começaremos a pensar: "Não posso bancar a construção de uma casa com o que eu ganho, e não tenho ninguém para me ajudar financeiramente". Essa negação inicial destrói a visão na nossa mente.

O aspecto mais importante para conseguir manifestar nossos pensamentos é continuar a visualizá-los à medida que o tempo passa. Não estabeleça um limite específico de tempo para atingir sua meta. Não há necessidade de colocar a si mesmo contra a parede desse jeito. Simplesmente fique fiel à ideia em sua mente e mantenha a esperança de que ela irá se realizar quando chegar a hora.

Desde que você continue visualizando seu sonho, as coisas começarão a se mexer na direção certa para que ele se torne real. Você acabará tendo contato com pessoas que irão ajudá-lo a realizar seu sonho ou irão lhe oferecer oportunidades que o colocarão no caminho do sucesso.

Grave o seguinte ponto no seu coração: seus pensamentos exigem um período extenso de tempo para se manifestar. Se você se agarrar a uma ideia específica durante pelo menos três anos, é bem provável que ela se torne real de uma maneira ou de outra, mesmo que não se concretize exatamente do modo que você vislumbrou. Se você é fiel à sua visão durante dez anos, é muito improvável que ela não se realize, porque há hoje muita gente, sobretudo nos países mais avançados, que procura oportunidades de cooperar com os outros para alcançar o sucesso.

Nada é impossível quando estamos em condições de obter todo o auxílio necessário daqueles que se dispõem a nos ajudar para tornar reais os nossos sonhos. Mesmo que você se considere um indivíduo comum, sem nenhum talento especial, saiba que será capaz de iniciar um negócio, ter sucesso nele e deixar algo para a posteridade simplesmente sendo capaz de manter uma visão mental do seu sonho durante dez anos.

Ao contrário, se deixar que sua visão se perca na metade do caminho, acabará se afastando de sua meta. Uma esperança abandonada é como um mural de avisos depois que seu aviso foi removido. Um potencial colaborador seu pode passar pelo mural, mas agora não terá mais como ficar sabendo o que o aviso dizia. Um anúncio dizendo "Procuro quarto para alugar" ou "Procuro emprego" só irá chamar a atenção de alguém se estiver afixado no mural. Se você tirá-lo de lá, mesmo que haja uma pessoa diante do mural que possa lhe oferecer exatamente aquilo que você precisa, ela jamais ficará sabendo disso e não será capaz de oferecer-lhe nada. Como ilustra muito bem essa analogia, sustentar uma visão persistente e continuada do seu sonho é essencial para que ele se torne realidade.

O poder das imagens positivas

Agora que já abordei o tópico do poder de nossos pensamentos e expliquei de que modo as imagens que mantemos em nossa mente podem se tornar realidade, eu gostaria de citar outro ponto essencial: somente os pensamentos positivos podem trazer felicidade a nós e aos outros. Dito de outro modo, os pensamentos negativos em geral têm um poder autodestrutivo.

A partir de minhas observações, concluí que há muitas pessoas – talvez mais da metade ou até dois terços da população – que ficam presas às imagens infelizes que têm delas mesmas. O que elas possuem em comum é que todas carregam cicatrizes do passado. Vivenciaram fracassos ou dificuldades que fazem com que se sintam como se fossem destinadas a falhar sempre, não importa quantas vezes tentem levar uma vida bem-sucedida. Mesmo quando estão numa situação inteiramente nova e lidando com novas pessoas, não conseguem se livrar da sensação de que irão cometer exatamente os mesmos erros do passado.

Alguém que tenha experimentado o trauma de ser demitido vai ficar inseguro em relação a perder o emprego, não importa onde trabalhe. E esse medo pode acabar se manifestando de maneira concreta. Se a pessoa fica apegada a esse medo, cai num ciclo vicioso e acaba sendo demitida seguidas vezes. De modo semelhante, aqueles que ficam o tempo todo preocupados com a possibilidade de adoecer acabam convidando a doença a se instalar. Alimentar uma visão pessimista da vida é um convite ao fracasso. Por exemplo, aqueles que têm um medo paranoico de serem traídos acabam cedo ou tarde sendo enganados.

Esse princípio pode também funcionar no sentido inverso e criar um ciclo positivo. Quem foi bem-sucedido num emprego continuará sendo bem-sucedido quando mudar para outro. A diferença entre esses dois tipos de indivíduos é a imagem que eles formam na mente: positiva ou negativa.

Em essência, porém, a origem dos pensamentos negativos pode estar não só nas experiências passadas de fracasso. A autoimagem negativa na realidade vem de uma falta de autoconfiança. Esse retraimento da pessoa pode até não ter causas mentais, mas ser algo físico – por exemplo, você pode simplesmente estar se sentindo um pouco desanimado. É comum que apareçam pensamentos negativos quando estamos exaustos, esgotados, deprimidos ou muito desmotivados. Ao contrário, dificilmente você se sentirá negativo e pessimista se estiver em boa forma física e acordar de manhã cedo cheio de energia e pronto para começar um dia de trabalho duro.

O bem-estar físico é fundamental para se sentir positivo em relação a si mesmo. Se você perceber que está com tendência a ficar pessimista, recomendo que procure aumentar sua força física e tente levar uma vida bem saudável. Se você negligenciar sua saúde física e ficar concentrado apenas no seu estado mental, poderá ir aos poucos desenvolvendo pensamentos negativos sem perceber.

Além de desenvolver sua força física, outra maneira de manter uma visão positiva em sua mente é continuar fazendo descobertas e produzindo ideias novas e criativas a cada dia. Definir novas metas e fazer novas descobertas diariamente faz com que a pessoa crie uma aura positiva ao seu redor. Você conseguirá ficar imune ao pessimismo dos outros se não deixar se abater nunca por quaisquer fracassos e, em vez disso, procurar testar novas ideias, uma atrás da outra. Essa atitude é essencial para alcançar o sucesso.

Devemos evitar pensamentos negativos, pois eles atraem o fracasso. A mente humana funciona como um ímã, que atrai aqueles que possuem uma atitude mental semelhante. As pessoas que andam por aí com imagens mentais de fracasso atraem aqueles que podem levá-las ao desastre que elas mais temem. Ao contrário, os pessimistas hesitam em se aproximar daqueles que preservam imagens mentais de sucesso, devido à diferença que há entre seus valores e suas auras. É assim que as pessoas positivas muitas vezes conseguem escapar da má sorte.

O fato de sermos bem-sucedidos ou de fracassarmos nos negócios depende do tipo de pessoas com as quais trabalhamos. Em muitos casos, uma má avaliação nos relacionamentos de negócios traz resultados desastrosos. Manter constantemente uma visão positiva, assertiva e clara de nossa meta é fundamental para o nosso sucesso, porque tais imagens atraem indivíduos capazes, positivos e proativos, que podem ajudar a transformar nossas esperanças em realidade.

Para abrigar pensamentos positivos e alegres é essencial acumular um número de experiências bem-sucedidas, por menores que esses sucessos possam ser. Tente alcançar pequenos sucessos mantendo uma imagem positiva na sua mente. Por exemplo, digamos que você precisa fazer uma apresentação de vendas, mas não confia muito em sua capacidade de realizar bem essa tarefa. Tudo o que tem a fazer para usar o poder de sua mente é imaginar-se sob uma luz positiva, tendo já concluído sua apresentação com sucesso e conseguido um grande cliente, e que está voltando ao escritório para contar a grande novidade. Se você abordar a questão com confiança, com a firme convicção de já ter conseguido seu intento, seus clientes ficarão tão bem impressionados e encantados com a sua postura confiante e relaxada que não só vão querer fazer negócios, como também vão desejar ter contato com você fora dessa esfera.

O segredo do sucesso nos negócios é impressionar seus clientes ou prováveis clientes. Você já terá dado o primeiro passo em direção ao sucesso se conseguir que fiquem interessados em você como pessoa, ou se fizer com que queiram saber mais a seu respeito e construir um relacionamento duradouro. Ao manter sempre um enfoque positivo você consegue projetar o charme magnético de sua personalidade e atrair o sucesso.

O pensamento orientado para o desenvolvimento

Depois que tivermos criado uma visão positiva na nossa mente, podemos passar para o passo seguinte: o pensamento orientado para o desenvolvimento. Criar imagens positivas na mente é como dominar a melhor tática para resolver os problemas do cotidiano, e pode ser muito útil em sua jornada individual para alcançar o sucesso. O pensamento orientado para o desenvolvimento, por outro lado, é mais como um plano estratégico, que pode ser usado por corporações, sociedades e nações. Nele, usamos o poder de uma visão positiva sustentada não só por um indivíduo, mas por um grupo de pessoas que trabalham juntas.

Imagine que centenas ou mesmo milhares de pessoas compartilham a mesma visão. Se mantiverem essa visão por certo período de tempo, ela ganhará um grande poder, que será como uma imensa fonte de energia e força criativa. No mundo da religião, isso é conhecido como o poder da fé. Entretanto, o mundo dos negócios também pode utilizar esse poder da fé quando a força de trabalho inteira de uma corporação ou organização compartilha a mesma imagem positiva de sucesso.

Há uma maneira simples de avaliar o potencial de sucesso de uma companhia: examinar o rosto dos funcionários e ver se estão cheios de esperança e energia positiva e se há uma atmosfera positiva no escritório. Quando todos os empregados estão felizes e confiantes, a empresa com certeza prospera. Mesmo que umas poucas pessoas fracassem em seus cargos, os sorrisos do resto da equipe irão compensar isso.

Nesse sentido, o *pensamento orientado para o desenvolvimento* é sinônimo de *pensamento gerencial*. Ele consiste em fazer com que cada membro de uma organização compartilhe uma visão clara, ou imagens positivas, do desenvolvimento do negócio como um todo. Esse tipo de pensamento ajuda os gerentes a levantar o moral da companhia, porque motiva e energiza todos os funcionários a aspirar metas mais elevadas.

Há três pontos cruciais para o pensamento orientado para o desenvolvimento. O primeiro é traçar um plano ou visão em grande escala. A visão do líder deve ser grandiosa e digna de se tornar o ideal de todos na organização. O segundo ponto é definir um prazo limite para alcançar a meta. A maioria das pessoas acha difícil antever um sonho que leve dez ou vinte anos para se tornar realidade. Porém, se o líder definir um objetivo que a companhia seja capaz de alcançar em um a três anos, os funcionários irão se concentrar nesse propósito. É essencial que o líder defina uma meta cujo resultado possa ser reconhecível para os trabalhadores, para que se sintam motivados a fazer o esforço necessário para alcançá-la.

O terceiro ponto é certificar-se de que, uma vez que a meta tenha sido alcançada, todos os que ajudaram a idealizá-la possam desfrutar dessa conquista de algum modo. O líder precisa deixar que os funcionários colham os benefícios da contribuição que deram para o sucesso da companhia. Por exemplo, eles podem ser promovidos, receber um aumento ou simplesmente apreciar o fato de serem parte de uma companhia cujo status na sociedade se elevou. De uma maneira ou outra, o líder deve recompensar aqueles que o ajudaram a alcançar a meta fazendo-os visualizar também seu sucesso.

Gerenciar o poder dos pensamentos no nível organizacional é fundamental para o desenvolvimento da empresa. Qualquer um é capaz de imaginar o sucesso, mas é difícil ter constância e preservar esse cenário na mente. O líder precisa guiar os trabalhadores para que mantenham a visão do sucesso, e então juntar todos esses pensamentos e transformá-los numa grande força que torne esse sucesso real. Enquanto o líder mantiver o entusiasmo e conquistar o apoio de todos os funcionários para a meta da companhia, esta sem dúvida irá aumentar imensamente sua capacidade de venda. É por isso que os que estão em posição de liderança devem praticar o pensamento orientado para o desenvolvimento.

A fórmula secreta que transforma seu olhar negativo em positivo

Vamos examinar agora o pensamento desenvolvimental por outro ângulo. Trata-se de uma abordagem objetiva e direta para a realização de nossas metas. Mas a estrada para o sucesso pode ser acidentada

• O PENSAMENTO ORIENTADO PARA O DESENVOLVIMENTO •

e sinuosa, então temos de pensar em medidas que nos permitam recuperar o passo quando tropeçarmos ao longo do caminho. Não importa o quanto sejamos dedicados com paixão, sempre acabamos enfrentando problemas e imprevistos, tanto nos negócios como no plano pessoal; portanto, precisamos nos preparar e aprender a superar essas adversidades.

O que pode ajudar quando enfrentamos dificuldades e obstáculos é olhar para o lado positivo das coisas, é mudar nosso ponto de vista de modo a ver as circunstâncias sob uma luz positiva.

Vamos examinar essa atitude aplicada a uma situação prática. Imagine que você é o chefe do departamento de contabilidade e que seu assistente comete um grande erro e faz a companhia ter um imenso prejuízo. Como supervisor, você pode lidar com a situação de várias maneiras. A primeira abordagem é simplesmente admitir que houve uma falha e esperar até que seja possível recuperar o prejuízo. Outra alternativa é demitir a pessoa responsável pelo erro ou rebaixá-la a um cargo de menor responsabilidade. Essas são, talvez, as medidas mais simples e naturais que surgiriam na mente de qualquer pessoa diante de um fato como esse.

Porém, quando você olha para a situação por um ângulo positivo, vê que é possível adotar outra linha de ação, completamente diferente. Você se torna capaz de pensar em como usar esse grande erro como uma oportunidade para crescer ainda mais.

    Talvez seja mais fácil apenas demitir o funcionário ou rebaixá-lo de função, mas isso poderia mergulhá-lo no desespero. Por outro lado, você tampouco pode deixar passar em branco o terrível erro cometido e agir como se nada tivesse acontecido. Portanto, cabe a você, como chefe, decidir de que modo tratar o funcionário.

    Primeiro, pergunte a si mesmo como pode ajudar o indivíduo que cometeu o erro, para que no futuro ele contribua de maneira bem-sucedida para o sucesso da companhia. Antes de decidir o que pode ser melhor para o funcionário, você deve examinar com atenção a personalidade dele. Se for muito orgulhoso, você precisará evitar culpá-lo diante dos demais. Se o repreender em público, ele ficará desestimulado e acabará saindo da empresa. Em vez disso, faça-o saber que você nutre altas expectativas por ele e incentive-o a melhorar. Você pode dizer algo como: "Não combina com você cometer esse tipo de erro. Eu tenho grandes expectativas em relação a você, e confio que dará o seu melhor para compensar isso. Tenho certeza de que é capaz de trazer muitas coisas boas para a companhia. Conto com você".

    Se ele não for do tipo orgulhoso e tampouco tiver instrução e treinamento suficientes que lhe permitam melhorar seu desempenho, explique passo a passo onde foi que ele errou e o que deveria ter feito. Ao mostrar-lhe as falhas em suas responsabilidades, você pode treiná-lo para que não cometa mais o mesmo erro. Com pessoas desse perfil, talvez você possa dizer: "Posso tolerar esse erro duas vezes, mas não uma terceira. Tenha isso em mente". De qualquer modo, é essencial observar o trabalhador como indivíduo e descobrir a maneira mais eficaz de extrair o que ele tiver de melhor.

Esse mesmo princípio também pode ser aplicado num nível mais amplo, organizacional. Se você falha nos negócios, avalie a razão disso e use como lição para evitar que ocorra de novo. Verifique se não há risco de você cometer o mesmo tipo de erro em outra área e se as pessoas com as quais trabalha correm também esse risco. Com isso, será capaz de melhorar sistematicamente a precisão e a qualidade das atividades de sua organização.

Você pode também aproveitar a falha para motivar a equipe inteira. Fale sobre a sua experiência mostrando-a como exemplo: "Este erro arrasou a reputação de nossa seção. Não se trata do erro de um indivíduo, e como encarregado da seção assumo toda a responsabilidade. Mas preciso da ajuda de vocês para superar esse momento difícil. Então, vou pedir que cada um dê o máximo de si por mais seis meses, para que juntos possamos alcançar algo ainda maior, que não só compense o erro, mas produza um bem ainda maior para a companhia. O que vocês acham?". Esse seu pedido sincero pode motivar e incentivar sua equipe a trabalhar ainda com maior empenho e contribuir com novas ideias para melhorar a situação.

Não deixe que uma falha permaneça apenas como falha. Em vez disso, faça dela uma semente de sucesso e encontre nela elementos que possam levar a um sucesso ainda maior. Aprenda lições com cada falha e use essas lições para subir ao degrau seguinte na escada para o sucesso. Aqueles que evitam ver o erro simplesmente como um imprevisto e aprendem com ele a alcançar um sucesso ainda maior não serão detidos por infortúnios ou calamidades. Mudar seu enfoque e passar a ver as situações por um ângulo positivo é a maneira de transformar falhas em sementes de sucesso.

A busca do desenvolvimento infinito

Quero concluir este capítulo com uma discussão sobre o crescimento infinito. Toda organização ou negócio passa por fases de sucesso, quando todos os procedimentos que ela adota dão certo. Mas tudo neste mundo tem oscilações; portanto, não há empreendimento ou setor que mantenha sempre um desempenho extraordinário.

Como eu disse várias vezes, os negócios têm um ciclo de trinta anos de altos e baixos; portanto, devemos estar prontos para enfrentar algumas dificuldades no futuro, mesmo quando tudo esteja indo bem. Sabendo que um período de expansão não dura para sempre, devemos desenvolver nosso negócio ao máximo durante o período de crescimento. Esse é o primeiro ponto de sabedoria a levar em conta em nosso esforço para alcançar um desenvolvimento infinito.

O segundo ponto de sabedoria que irá nos ajudar é diversificar nossa atividade no período de crescimento. Um negócio costuma ter um período de rápido crescimento quando conta com um produto excepcional ou com alguma outra boa fonte de rendimentos. Devemos usar isso como estímulo para abrir novas possibilidades. Podemos desenvolver um novo produto ou entrar num novo mercado; mas, seja como for, temos de investir em algo capaz de beneficiar a companhia daqui a cinco, dez ou vinte anos, fazendo investimentos que assegurem um futuro, mesmo que não gerem um retorno imediato.

O terceiro ponto de sabedoria que pode nos ajudar é pensar num plano de contingência para a sobrevivência de nosso empreendimento, caso a situação presente ou o ambiente da economia de mercado sofra uma mudança radical. Quando o negócio está indo bem, talvez seja difícil imaginá-lo passando por uma grande crise, avaliar quantos anos ele pode ser capaz de suportá-la e ter ideia de como pode sobreviver a uma situação catastrófica. Porém, devemos construir um plano concreto a fim de estarmos preparados para lidar com uma circunstância como essa.

Uma grande companhia automobilística, por exemplo, que tenha obtido muitos lucros com exportação pode vir a enfrentar uma crise caso os países para os quais tem vendido seus produtos decidam interromper a importação de automóveis. Se isso ocorrer, o fabricante de automóveis terá de procurar um novo mercado em outro país ou pensar em mudar o foco para a produção local.

Outra crise que essa companhia poderia enfrentar, mais séria ainda, seria se todas as pessoas decidissem ao mesmo tempo parar de comprar automóveis. Nesse caso, ela não só deixaria de vender automóveis em certos países, como não seria capaz de vender em lugar nenhum. Se o mundo inteiro parasse de dirigir carros, não haveria demanda para os produtos da companhia. Essa seria uma situação em que a principal linha de negócios responsável pelo sucesso da empresa de repente se tornaria totalmente inútil.

Por mais absurdo que um cenário desses possa parecer, ainda assim devemos estar preparados para tais situações. E para isso precisamos não só fazer investimentos para o futuro, mas também inverter nosso ponto de vista. As empresas automobilísticas, por exemplo, devem pensar no que as pessoas vão querer adquirir caso os carros desapareçam um dia. Se tentarem imaginar um mundo sem carros, naturalmente irão compreender que as pessoas precisarão usar meios de transporte aéreos, ou se deslocar acima do chão ou por baixo da terra, ou pela água, em alta velocidade. Provavelmente serão capazes, então, de vislumbrar um futuro em que as pessoas viajem em seus jatos privados ou em veículos supersônicos, ou trafegando pela água ou sob a terra ou acima dela.

Se um dia as pessoas não precisarem mais de carros para se deslocar pelo solo, e em vez disso usarem veículos que trafeguem pelo ar, como será que essa companhia automobilística poderá sobreviver? Para ela, não será suficiente simplesmente vender carros baratos, com baixo consumo de energia. Hoje em dia já estamos vendo a crescente popularidade dos carros movidos a células de combustível; portanto, é óbvio que as fábricas de automóveis que produzem apenas carros movidos a gasolina não serão capazes de sobreviver.

Os recentes desenvolvimentos no campo dos supercondutores tornaram possíveis os trens maglev[2], de levitação magnética, e esse campo cresce a cada dia. Uma fábrica de automóveis, portanto, pode pesquisar a aplicação de supercondutores em seus veículos. Talvez precise até descobrir uma fonte completamente nova de energia e desenvolva um produto movido por ela.

Em resumo, é preciso criar um plano de "sobrevivência" caso a principal linha de produtos do nosso atual negócio enfrente uma situação crítica. É desse modo que podemos almejar um desenvolvimento infinito.

---

2 O trem maglev (do inglês *magnectic levitation transport*, transporte de levitação magnética) é um veículo que transita numa linha elevada sobre o chão, propulsionado pelas forças atrativas e repulsivas do magnetismo por meio do uso de supercondutores. (N. do E.)

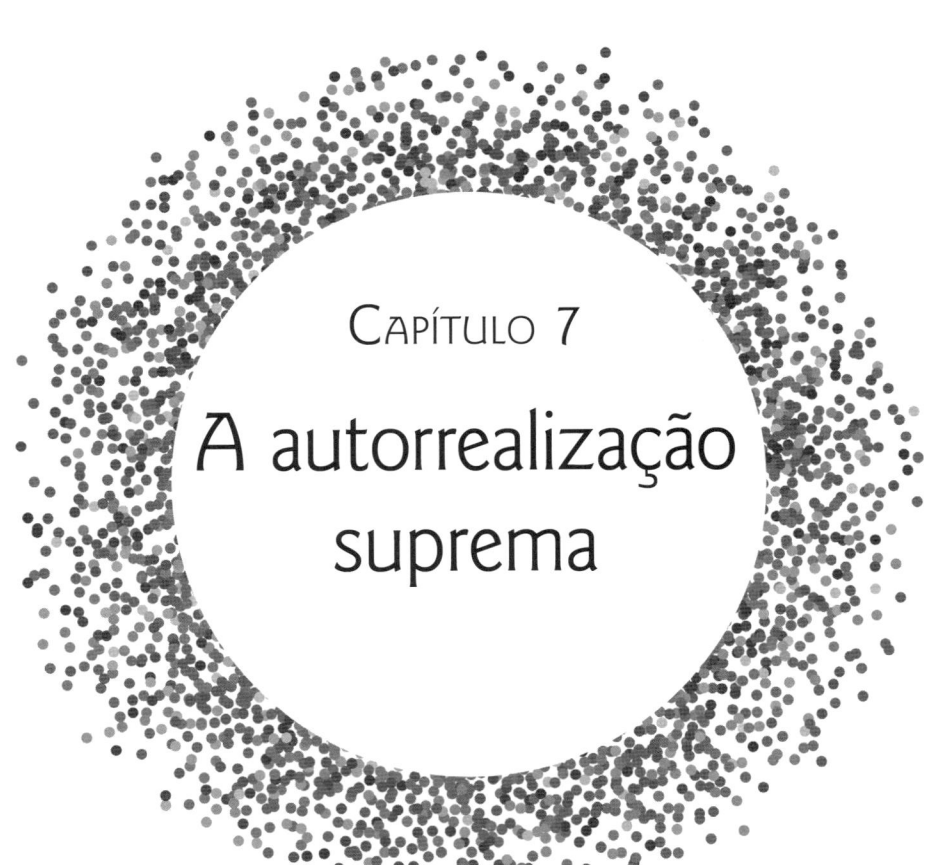

Capítulo 7
A autorrealização suprema

O que é a autorrealização?

Nos últimos anos, temos visto o forte impulso do movimento para a autorrealização, e hoje podemos encontrar centenas de livros sobre o tema. Alguns estão de acordo com as leis do universo e seguem de maneira genuína as leis da mente humana, enquanto outros ignoram tais leis. Seja como for, considero essencial iniciar nossa exploração da autorrealização analisando, antes de mais nada, em que ela consiste.

Eu gostaria de definir a autorrealização falando dos três elementos que a compõem. Primeiro, a autorrealização é um meio de alcançar a felicidade humana. Segundo, é um modo de criar a Utopia, uma sociedade ideal, perfeita. Terceiro, contribui para a evolução do grande universo.

Vamos começar pela primeira ideia: a autorrealização busca a felicidade humana. É claro que ninguém vai atrás da autorrealização em busca de sofrimento. Não faria sentido querer realizar nosso potencial a fim de ir à falência ou ficar doente e morrer. Perseguimos a autorrealização porque partimos do princípio de que isso irá promover nosso crescimento.

No entanto, muitas pessoas enveredam por caminhos equivocados no processo de tentar transformar suas esperanças em realidade. É por isso que devemos estar atentos à segunda condição, a de que nossa autorrealização deve contribuir para a criação de um mundo ideal. Qualquer forma de autorrealização que não contribua para a melhoria do todo não será genuína. Para alcançar a autorrealização no sentido mais verdadeiro, é essencial que nessa busca da felicidade pessoal possamos dar algo em troca, contribuindo para a evolução da sociedade e para chegar a um mundo ideal.

Isso não significa que você deva sacrificar a própria felicidade em nome da felicidade do mundo. Ao contrário, devemos procurar aquele tipo de felicidade pessoal que leve à felicidade de muitas pessoas. Essa ideia está expressa no slogan que criei para a minha organização, a Happy Science: "Da felicidade pessoal para a felicidade coletiva". Deixar de dar importância a nós mesmos e trabalhar apenas para o bem comum é um tipo de autossacrifício que nem sempre ajuda a alma a crescer. O propósito da nossa vida neste mundo é ter experiências que aprimorem nossa alma, então não podemos simplesmente ignorar a necessidade de treiná-la.

Assim, definitivamente, a busca da felicidade no sentido de engrandecer sua alma é uma boa meta.

Porém, precisamos buscar a felicidade pessoal de uma maneira que não atrapalhe a autorrealização dos outros. É por isso que precisamos ter certeza de que nossa autorrealização contribui para a melhoria da sociedade como um todo, a criação da Utopia.

A terceira condição de autorrealização pede que olhemos para o nosso planeta Terra pela perspectiva ampla do universo, para dar nossa contribuição e cumprir nosso propósito enquanto membros da espécie humana. Temos de considerar o propósito da humanidade como um todo. Que tipo de civilização devemos criar? Qual a nossa missão e como podemos cumprir a vontade do Universo ou a vontade de Deus? Precisamos ter certeza de que nossos ideais estejam em sintonia com esse propósito maior.

Portanto, nossa autorrealização deve começar com a busca da felicidade pessoal, que leva à felicidade de todos e depois a uma felicidade global ou até mesmo cósmica. Para aqueles que têm fé, podemos dizer que isso equivale a realizar a felicidade que Deus procura.

Três métodos para alcançar a autorrealização

Podemos obter a autorrealização de várias maneiras, mas aqui gostaria de agrupá-las em três tipos. Primeiro, alcançamos a autorrealização fazendo nossos melhores esforços em benefício próprio – isto é, aproveitando ao máximo nossas habilidades na busca de atingir nossas metas. É assim que as pessoas dedicadas chegam aos seus objetivos: por meio dos próprios esforços intelectuais e ações. Por exemplo, se temos de realizar uma prova, podemos estudar por nossa conta, em casa, sem pedir ajuda de ninguém. Ou, no trabalho, podemos nos esforçar individualmente para aumentar nossa produtividade.

Segundo, podemos alcançar a autorrealização tentando encontrar maneiras mais eficientes e sistemáticas de agir. Por exemplo, para conseguir ser aprovado num exame, podemos contratar um professor particular ou frequentar um curso vestibular, ou ter aulas por correspondência. Se nossa meta é instalar um sistema informatizado no nosso negócio, podemos contratar alguém que nos oriente ou terceirizar essa parte de nosso trabalho. Se temos problemas de gestão, podemos contratar um consultor ou um gestor de empresas.

Esse segundo método consiste em adotar abordagens racionais e técnicas avançadas. Num nível corporativo, é muito raro *não precisar* fazer isso. Num empreendimento privado ou numa pequena empresa, a pessoa no topo do comando talvez seja capaz de fazer tudo do jeito que gosta; mas, quando um negócio atinge certo porte, as habilidades do proprietário não são suficientes para supervisionar todas as atividades da companhia; é indispensável contar com a assessoria e a orientação de especialistas em cada área para que a empresa cresça. É desse modo que as companhias se desenvolvem e se tornam gigantes corporativos.

Terceiro, podemos alcançar a autorrealização por meio de colaboradores que nos apoiem e ajudem a atingir nossas metas. Com este método, nosso trabalho é facilitado quando temos um grupo de pessoas que compartilham os mesmos objetivos e aspirações. Enquanto o segundo método diz respeito a melhorar a qualidade e a eficiência, este método consiste em aumentar o número de pessoas que se dispõem a trabalhar conosco em direção a um mesmo propósito. Por exemplo, uma empresa pode ter algumas áreas específicas que sejam mais fracas e que ela deseja dinamizar, ao mesmo tempo em que expande e desenvolve seus pontos fortes. Com este terceiro método, nossa companhia pode entrar em parceria com outra que tenha expertise em suas áreas fracas. Pode também empregar um bom número de especialistas nos campos relevantes. Ao aumentar o número de colaboradores, qualquer grupo ou organização tem condições de aprimorar sua capacidade.

Quando perseguimos o desenvolvimento por este método – pela expansão da nossa capacidade, aumentando a força de trabalho e promovendo a colaboração com mais pessoas – precisamos encontrar pessoas capazes, que tenham de fato condições de nos ajudar.

Este mesmo método funciona também espiritualmente. Podemos receber ajuda e apoio de uma variedade de espíritos que nos ofereçam orientação e ajuda. Esta é outra maneira de obter a autorrealização.

Como funciona a autorrealização

Ao utilizarmos esses métodos para buscar a autorrealização e atingir nossos ideais, estamos dando quatro passos básicos. Primeiro, desenvolvemos um forte desejo de alcançar nossa meta. Podemos pensar nisso em termos de motivação, vontade e garra.

Segundo, visualizamos nosso alvo. Para conquistar a autorrealização, precisamos formar uma imagem do nosso sonho ou do nosso eu ideal.

Terceiro, avaliamos as medidas que iremos adotar para chegar até nossa meta. É nesse ponto que escolhemos qual dos três métodos vamos empregar em direção à autorrealização, isto é, fazer aprimoramentos pessoais restritos aos próprios esforços, promover melhorias qualitativas seguindo uma abordagem sistemática e racional ou introduzir melhorias quantitativas aumentando nossa força de trabalho. Avaliamos, então, as diversas estratégias e táticas envolvidas em cada método e, a partir de uma análise, escolhemos aquele que considerarmos o melhor.

Por fim, criamos um plano para aplicar depois de chegarmos ao nosso alvo. Qual será, então, o próximo passo? Podemos progredir ainda mais em nossa autorrealização ao planejar metas ainda mais distantes, como aquelas que gostaríamos de alcançar um ano, três ou cinco anos depois de atingirmos a primeira.

A maioria das pessoas limita-se a definir objetivos muito modestos quando pensa na autorrealização. Elas podem desejar, por exemplo, mudar-se para uma casa maior, tornar seu negócio um pouco mais lucrativo ou obter um aumento de salário. Mas a maneira de atrair os outros para que nos ajudem a alcançar nossa meta é sustentar a visão de um grande sonho. Os seres humanos se sentem naturalmente atraídos por aqueles que nutrem altos ideais; ninguém se reúne ao redor de um indivíduo que proponha objetivos modestos. As pessoas não se sentem inspiradas por ideais pequenos, como o de um aumento de vendas anual de 10% ou 20%. É por isso que precisamos ter uma visão do que gostaríamos de conquistar depois de ter realizado nosso primeiro intento.

Se nossa primeira meta é aumentar as vendas em determinada porcentagem, a meta seguinte pode ser investir num novo negócio, e a meta depois dessa pode ser construir um edifício para esse negócio. Cada passo que damos deve conter nele as sementes do próximo. Assim como na dialética de Hegel[3] – tese, antítese e síntese –, precisamos de uma abordagem que nos ajude a passar para o estágio seguinte depois que atingimos o alvo inicial. Um sonho superficial, mirabolante, não ajuda a alcançar a autorrealização: é necessário ter uma visão autêntica, sólida, ambiciosa, que inspire os outros.

Em suma, nosso primeiro passo é ter o desejo de obter a autorrealização. Em seguida, devemos formular uma imagem do nosso ideal e desenvolver uma visão clara daquilo que queremos alcançar. Em terceiro lugar, precisamos avaliar que método utilizar para alcançar nossas metas. Por fim, temos de criar um plano detalhado do que iremos fazer depois de alcançá-las.

Ao construir nosso plano futuro, devemos decidir como iremos retribuir aqueles que nos ajudaram a atingir nossos objetivos. Não precisa ser necessariamente uma recompensa financeira; porém, não importa o que seja, devemos permitir que as pessoas subam um degrau para alcançarem também seu sucesso – algo que as ajude a dar os próximos passos. Alcançar a autorrealização não é difícil para quem é capaz de pensar com antecedência.

---

3 O alemão Georg Wilhelm Friedrich Hegel (1770-1831) é considerado um dos mais importantes e influentes filósofos da história. (N. do E.)

Eu gostaria de concluir esta seção lembrando uma vez mais que os altos ideais e as visões grandiosas são o que inspira e motiva as pessoas a se juntarem ao nosso redor e nos oferecer ajuda em nossa busca de autorrealização.

Armadilhas a evitar no caminho da autorrealização

Quando estamos no processo de realizar nossas expectativas ficamos cheios de alegria e entusiasmo. No entanto, devemos ter cuidado para não cair na armadilha de deixar-nos arrastar por isso. Não há nada de errado em se dedicar às próprias metas, mas mergulhar na busca de autorrealização pode fazer você perder a noção de si mesmo e do que está ocorrendo à sua volta. O risco é que a obstinação atinja um grau que o impeça de perceber eventuais perigos.

Podemos adotar três precauções para evitar essa armadilha. A primeira é sempre ter em mente a nossa intenção original. À medida que buscamos a autorrealização entram em jogo vários elementos novos, como informações e pessoas novas, e temos de ir ajustando o curso para incluir esses novos elementos. Não há nada de errado em fazer mudanças em nosso plano, mas é preciso atentar para que o sucesso inicial não nos deixe cegos e nos leve a negligenciar o propósito original. Vários eventos nos dão outras ideias, mas não podemos vacilar; devemos reafirmar sempre nossa intenção original, quantas vezes for preciso.

O fator mais importante para alcançar a autorrealização é o nosso desejo ou intenção original. Tudo vai depender do quanto essa intenção for firme e decidida, e não devemos mudá-la a não ser que haja uma razão muito boa para fazê-lo. Quando somos tentados a mudar nosso plano ou a duvidar de nossas decisões, devemos pensar em qual será a melhor maneira de levar adiante a meta original. Antes de mudar nosso propósito, temos de juntar informações suficientes para garantir que estamos alterando-o por uma boa razão.

A segunda precaução é selecionar muito bem nossos parceiros. Quando estamos no processo de desenvolvimento, é comum colocar o foco na expansão e esquecer o resto, e com isso às vezes deixamos de notar um perigo que está à espreita em nossa organização, espalhando-se como um câncer. Prevenir isso começa com a escolha dos parceiros certos.

Os seres humanos são filhos de Deus e são essencialmente bons. Mas também possuem um desejo inato de crescimento que às vezes se transforma em ganância. É bom estar prevenido, sobretudo em relação a pessoas que se oferecem para nos ajudar movidas apenas pela expectativa de ganhos pessoais. Você pode decidir, por exemplo, fazer uma parceria com outra companhia, imaginando que ela fortalecerá os pontos fracos de seu negócio e irá ajudar a expandi-lo. Porém, se escolher o parceiro de negócios errado, ele poderá acabar encampando sua empresa.

Por fim, precisamos estar prevenidos em relação ao nosso orgulho. Os seres humanos tendem a superestimar a própria capacidade e a ficar convencidos. É comum supervalorizarmos nossos pequenos sucessos, e muito fácil acreditar nos elogios que recebemos por realizações que não nos custaram muito esforço, pois isso massageia nosso ego. Mas a tentação de se sentir satisfeito com pequenos sucessos pode ser a nossa ruína. A maior armadilha da autorrealização é a soberba.

Devemos nos prevenir contra essa armadilha adotando uma atitude humilde, falando sempre com despretensão e tendo uma atitude modesta, evitando que se crie uma opinião exagerada a nosso respeito. Também é recomendável evitar ostentação, pois isso atrai rancor e hostilidade. Ao contrário, o melhor é mostrar-se reservado em tudo o que se faz, e ao mesmo tempo continuar avançando, passo a passo.

Precisamos ter um cuidado especial para não fazer alarde de nossas realizações iniciais, como se quiséssemos colocá-las numa vitrine. Esse exibicionismo na verdade impede-nos de alcançar um sucesso maior. Na escada rumo à realização devemos seguir com passos firmes e constantes.

Também é possível prevenir o orgulho mantendo uma atitude de devoção ao Divino. Em outras palavras, temos de agradecer por tudo o que nos é permitido viver. Pessoas capazes, que alcançaram suas metas, com frequência tornam-se excessivamente confiantes em suas habilidades e podem até ser arrogantes. Devemos evitar isso e procurar sempre ter gratidão. Isso significa ser grato à família, aos amigos e aos clientes pelo apoio que nos dão. Também significa agradecer pela abundância de animais e plantas que sustentam nossa vida. Por fim, devemos agradecer à energia subjacente que nos permite continuar vivendo.

Essas precauções podem ser resumidas em dois pontos: manter uma atitude humilde e ser grato pelo que nos é dado. Com isso, é possível evitar armadilhas que podem atrapalhar a autorrealização.

Autorrealização avançada

Os princípios gerais discutidos até agora neste capítulo fornecem uma sólida base para a nossa busca de autorrealização. Entretanto, podemos ir ainda mais longe fazendo avanços em duas áreas: nas nossas metas e nos métodos que utilizamos para alcançá-las.

Recomendo que você use o método de três estágios para definir suas metas. Sugiro que crie três tipos de metas que gostaria de atingir: pequenos objetivos, objetivos de porte médio e grandes objetivos. Os grandes ideais geralmente são pouco realistas, e é comum perdê-los de vista e acabar abandonando-os, ao passo que uma meta excessivamente modesta nunca conseguirá nos levar a um grande sucesso. Especialistas, peritos e artistas que têm alta competência e conhecimento no seu campo particular de atuação muitas vezes não obtêm um grande sucesso porque seus objetivos continuam modestos. Tais pessoas esqueceram o quanto é importante alimentar uma ambição elevada.

De qualquer modo, não é possível alcançar um grande objetivo instantaneamente. Portanto, devemos primeiro aperfeiçoar nossos talentos e ganhar confiança em nossa capacidade, enquanto nos esforçamos para chegar aos nossos pequenos objetivos. Depois, podemos começar a trabalhar em nossos objetivos de médio porte e, por fim, passar para os grandes objetivos. Precisamos subir nossa escada degrau por degrau, para continuar caminhando rumo à autorrealização. Para isso, é importante que tenhamos sempre duas ou três metas.

Também temos de considerar quais métodos vamos empregar para alcançar nossos ideias. Para obter o desenvolvimento de nossa organização ou melhorar nossa atuação, é preciso tentar abordagens diferentes. Podemos ter êxito nos pequenos objetivos por meio de um caminho convencional, mas com relação às metas maiores é preciso empregar técnicas novas e mais avançadas. A autorrealização construtiva é possível somente quando continuamos procurando novas ideias e explorando sempre métodos e técnicas inovadores.

Mesmo que você tenha trabalhado sozinho para fazer seu negócio decolar, não deve supor que ele continuará a se desenvolver da mesma maneira; será preciso delegar algumas tarefas a funcionários ou parceiros. Expandir um negócio exige aumentar o pessoal e treiná-lo. Se não, simplesmente você ficará exausto e esgotado.

Por exemplo, se você dirige uma escola particular, não importa o quanto seja bom ensinando, não será capaz de lidar pessoalmente com todos os aspectos que envolvem o funcionamento de uma escola. Conforme o número de alunos for aumentando, terá de contratar mais professores e pessoal administrativo, e precisará treiná-los para que possam assumir parte do seu trabalho. Nem todos os profissionais que você contratar terão a competência necessária para executar essas tarefas, portanto será essencial treiná-los para que a escola se desenvolva. O seu sucesso exigirá uma força de trabalho ampliada e investimentos em instalações e equipamentos.

Para evitar erros de avaliação, lembre-se de que você está lançando as bases para um maior desenvolvimento futuro. E mantenha a mente aberta para novas ideias e novas maneiras de fazer as coisas, mesmo que sejam conflitantes com seu jeito de conduzir o negócio até agora.

Não devemos mudar nossas práticas com excessiva facilidade; porém, para alcançar uma autorrealização avançada é preciso um esforço constante com o intuito de melhorar nossos métodos e técnicas. Assim, devemos evitar a complacência e ir um passo além, em vez de ficar meramente satisfeitos com as realizações iniciais. Estabelecemos, assim, uma base firme na sociedade para deixar nossa marca no mundo.

Qual é a nossa autorrealização suprema?

Eu gostaria de encerrar este capítulo falando sobre a autorrealização suprema. Os pré-requisitos para a autorrealização final incluem a concretização de grandes ideais que superem a nossa autorrealização pessoal, assim como feitos que nos tragam reconhecimento pelas contribuições que tivermos dado à sociedade.

Mas esses feitos sozinhos não são suficientes para se alcançar a autorrealização máxima.

Cedo ou tarde, nossa vida na Terra chega ao fim. Em algum momento vamos morrer, deixando nosso corpo físico e passando para o mundo eterno. Não há exceção a esta regra. Algumas pessoas não acreditam na existência do próximo mundo, mas posso garantir que ele realmente existe.

Quando voltarmos para o outro mundo, não seremos capazes de levar junto a nossa empresa ou as nossas propriedades. Então, o que você acha que restará conosco quando nossa vida na Terra terminar? Ao morrer, só podemos levar de volta nosso coração, ou as experiências e o caráter que tivermos cultivado como pessoas.

Por essa perspectiva, qual é a nossa autorrealização final? Tudo se resume a preencher nossa alma de luz. Isso pode ser medido pelo quanto tivermos sido bem-sucedidos em refinar e desenvolver nosso caráter enquanto perseguimos a autorrealização. Também pode ser avaliado pela sabedoria que tivermos conseguido acumular com nossas experiências neste mundo. Portanto, a autorrealização final implica melhorar o nível de nosso caráter e cultivar um rico estoque de experiências para o nosso crescimento espiritual.

Quando consideramos a autorrealização por esse ponto de vista, fica claro outro aspecto, que pode ser resumido pela expressão *realização abnegada de uma grande ambição*. É esse exatamente o tipo de autorrealização que devemos buscar. Ser abnegado, desprendido, é saber que os seres humanos estão vivendo de acordo com a vontade do grande universo. É tornar-se consciente do quanto é pequena a nossa existência quando vista pela grande perspectiva cósmica. É saber desapegar-se do ego. É isso o que significa ser abnegado.

Nossa grande ambição deve ser atingir nosso ideal mais elevado. A grande ambição abnegada consiste em conseguir grandes realizações e, ao mesmo tempo, permanecer humilde e livre das obsessões mundanas. É quando conquistamos esse estado mental que podemos obter um grande sucesso tanto no desenvolvimento de nosso caráter como no acúmulo de experiências preciosas.

Ao buscar soluções para nossos problemas gerenciais e financeiros, precisamos explorar e cultivar nossa mente. Para isso, é essencial aprender ensinamentos espirituais que enriqueçam nosso coração e nossa mente. Nosso desenvolvimento e nossa prosperidade em termos financeiros só têm real significado quando nossa autorrealização se apoia no crescimento pessoal. É meu sincero desejo que muitas pessoas possam alcançar essa autorrealização final.

Capítulo 8

A filosofia do sucesso moderno

Novos desenvolvimentos na filosofia do sucesso

Neste último capítulo, eu gostaria de discutir uma nova maneira de encarar os princípios do sucesso. Há muitos livros sobre esse assunto, e eu mesmo já li vários. Mas decidi escrever este porque não encontrei nenhum que me satisfizesse inteiramente. O que sempre me intrigava enquanto lia esses textos sobre o sucesso era que os autores pareciam não entender a verdadeira essência dos seres humanos e do mundo. Qual é o propósito que nos move a querer o sucesso? Que tipo de sucesso ou que nível de sucesso devemos almejar? Para responder a essas questões precisamos ver nossa vida pela perspectiva do verdadeiro especialista no assunto: Deus. Acredito que esse ponto de vista espiritual é o que falta nas obras que existem sobre o sucesso.

Mesmo na religião, encontramos alguns ensinamentos que de fato nos beneficiam e outros que na realidade fazem mal à nossa alma. O mesmo princípio é válido em relação ao paradigma do sucesso. Alguns desses livros, sob o pretexto de ensinar o sucesso, podem nos arrastar à beira da ruína espiritual.

Para desenvolver novos princípios de sucesso, há algo que devemos saber antes de mais nada, que é não colocar o foco exclusivamente nos resultados. Claro, o sucesso deve ser acompanhado por realizações. Mas o fator mais importante no sucesso é o processo de alcançá-lo, isto é, a maneira pela qual vivemos nossa vida. Os resultados não definem necessariamente o sucesso.

Algumas das grandes personalidades da história que tiveram um fim trágico talvez possam ser consideradas fracassadas se forem avaliadas exclusivamente em termos de suas realizações mundanas. Porém, se olharmos para o seu processo – a maneira pela qual viveram a vida – veremos que muitas delas atingiram um grande sucesso apesar de terminarem sua existência de um modo trágica.

Os princípios do sucesso não se referem apenas aos resultados que obtemos. Precisamos levar em conta de que modo vivemos nossa vida, se estamos nos preenchendo de luz enquanto trabalhamos para chegar ao sucesso. E isso se torna ainda mais maravilhoso quando aqueles que brilham com luz conseguem realizar grandes feitos, exercer grande influência e ajudar muitas outras pessoas a levar a vida de uma maneira mais plena. Assim, o primeiro ponto da minha filosofia do sucesso é que não devemos nos orientar apenas pelos resultados, mas sim pelo processo.

Meu segundo ponto é lembrar sempre de manter a mente pura. O sucesso não deve distorcer nossa mente. O desejo de alcançar o sucesso não pode nos levar recorrer a métodos escusos para alcançar nossas metas. Ações duvidosas podem até nos possibilitar um sucesso temporário, mas cedo ou tarde iremos pagar por isso de uma maneira muito triste. Talvez estejamos entrando numa armadilha e acabemos sendo traídos por nossos colegas. Além disso, quando insistimos em trapacear, nosso rosto acaba parecendo traiçoeiro e nosso corpo todo ganha um aspecto desvirtuado.

Nunca devemos usar meios dissimulados, enganosos ou fraudulentos para chegar ao sucesso. Ao contrário, temos de viver honestamente ao trilharmos o caminho do sucesso. Ele não deve degradar nossa natureza humana. É benéfico para nós permanecermos honestos, mesmo que isso nos dê a impressão de que o sucesso está ficando mais distante.

Em vez de apenas buscar resultados, precisamos nos concentrar no processo de ter êxito em nossos propósitos, e perseguir seja qual for o sucesso que esse processo venha a nos trazer. Isso implica viver de uma maneira que seja honesta com nosso coração e nossa consciência. Será muito mais proveitoso se alcançarmos o sucesso e ao mesmo tempo conseguirmos manter o coração puro e seguir adiante com a inocência de uma criança pequena.

Desenvolver o caráter

Um aspecto importante do sucesso que nunca devemos negligenciar é o desenvolvimento do nosso caráter. Acredito que os princípios do sucesso devem ajudar não só a melhorar nossa competência gerencial para obter prosperidade econômica, mas também a crescer como seres humanos, para podermos cultivar um caráter luminoso e magnânimo. Conforme subimos na escada do sucesso e nos tornamos líderes, exercemos maior influência sobre os outros, e é por isso que devemos aspirar que isso nos torne pessoas versáteis e nobres.

Como fazer para desenvolver nossas qualidades interiores? Já mencionei a importância de melhorar suas habilidades, mas a competência é apenas um dos elementos do sucesso, pois sozinha ela não é suficiente.

A competência é a nossa eficiência ou habilidade, nossa capacidade de lidar com uma tarefa dentro de determinado período de tempo. Temos maiores chances de sucesso se somos competentes, mas o sucesso envolve mais do que capacidade. Na realidade, ficar muito preocupado em desenvolver nossa capacidade tem três possíveis desvantagens.

Primeiro, podemos achar cada vez mais difícil trabalhar em cooperação com os outros quando nosso foco se resume em ampliar nossa competência. Quando o progresso vira nossa preocupação principal, corremos o risco de perder aos poucos o interesse pela felicidade das demais pessoas. Muitos até começam a acreditar que é possível ser feliz à custa dos outros. Como resultado, perdemos a vontade de cooperar e nos sentimos incapazes de trabalhar em equipe.

O segundo risco de se concentrar demais na competência é que isso pode realmente ser um obstáculo no caminho para o sucesso. Nos Estados Unidos, ter um MBA[4] fornecido por uma boa universidade costumava ser um recurso seguro para obter um cargo de gestão, e já houve um tempo em que essa era considerada a melhor maneira de se chegar ao topo. Recentemente, porém, a situação mudou. Começou a ficar claro que o simples fato de a pessoa ter estudado administração nas melhores escolas de negócios não implicava necessariamente que ela iria se sair bem nos cargos administrativos.

Por exemplo, alguém com um MBA pela Universidade de Harvard conseguia o cargo de vice-presidente em uma corporação e então implementava

---

4 O MBA (sigla inglesa para *Master in Business Administration* – Mestre em Administração de Negócios) é um curso de formação de executivos na área de administração.

as teorias de negócios de Harvard nas situações práticas e concretas dos negócios. Porém, isso muitas vezes gerava atritos com os colegas de trabalho. Essas ideias podem levar ao sucesso, mas ao implementá-las, esses novos gestores costumavam não dar importância ao fato de que as organizações são também sociedades humanas, como se fossem pequenas cidades habitadas por pessoas. É problemático quando uma empresa parece ganhar vida própria, e se mostra negligente em relação aos indivíduos que nela trabalham.

Aprender teorias ou princípios de administração não é suficiente para trazer sucesso em larga escala; é preciso saber examinar o mundo interior e compreender a mente humana. Recrutar pessoas com base apenas em suas competências pode na realidade impedir que se alcance maior sucesso na vida.

A terceira desvantagem de se dedicar apenas à própria competência é que corremos o risco de ficarmos arrogantes. O orgulho por si só não é um traço negativo, mas pode nos prejudicar espiritualmente se nos tornarmos vaidosos demais. Quando procuramos descobrir a razão de existir tanta maldade no mundo e tentamos ver por que as vibrações negativas se disseminaram tanto, constatamos que uma das causas é a arrogância das pessoas no mundo moderno. Quando não estabelecemos limite para o nosso orgulho, a nossa vaidade, a nossa soberba, isso causa vários conflitos e traz danos aos outros. A arrogância é como uma decoração que nos faz parecer bons por fora, como a pintura de um carro ou a fachada de um edifício, mas também prejudica a honestidade do nosso coração.

Esses são os três riscos de escolher pessoas com base apenas na sua competência. Devemos procurar aquelas que são competentes e que ao mesmo tempo têm um coração magnânimo, capaz de enriquecer o coração dos outros e de saciar a sede dos demais, como se fosse um oásis. Acredito que o propósito de uma filosofia do sucesso moderno seja produzir muitos indivíduos que consigam prosperidade econômica com um coração enorme e generoso.

As capacidades necessárias para a liderança

Presumo que boa parte dos leitores deste livro seja constituída por funcionários de corporações; por isso, eu gostaria de falar sobre as capacidades de liderança exigidas de gestores de companhias. Ser líder no ambiente corporativo significa estar num cargo mais alto, seja de subgerente, gerente, diretor, diretor-executivo ou presidente, até chegar ao cargo máximo de CEO. Nessa discussão sobre liderança, vou chamar todos esses cargos de "gerenciais".

Para chegar a um cargo de gerência, precisamos atender às seguintes três condições. Primeiro, os líderes devem ser capazes de tomar decisões difíceis. Precisam ter uma sólida habilidade de tomar boas decisões a fim de chegar aos resultados certos. Segundo, os líderes precisam desempenhar o papel de educadores, dando treinamento e orientação aos seus subordinados. Terceiro, os líderes devem levar em conta a situação financeira de seus empregados. Têm de compreender a influência que exercem na felicidade das outras pessoas e promover ajustes apropriados nos salários e bônus de seus funcionários.

Essas três habilidades – tomada de decisões, treinamento e educação, e o ajuste adequado financeiro de seus funcionários – são requisitos daqueles que ocupam cargos gerenciais, e servem como critérios para medir sua capacidade de liderança.

A primeira condição, ser capaz de tomar decisões complexas, de alto nível, requer líderes competentes, que tenham uma *expertise* sólida para exercer sua função. Mas não vou entrar aqui na questão de desenvolver nossa competência, porque estou certo de que a maioria das pessoas tem consciência de que esta é uma capacidade essencial da liderança, que elas precisam cultivar, e muitas corporações oferecem treinamento para ajudar seus funcionários a desenvolvê-la.

Outra competência crucial que os líderes precisam ter é a capacidade de prever. Muitas pessoas são capazes de produzir resultados dentro de um período de tempo de seis meses a um ano, digamos, mas boa parte delas está interessada apenas em se sair bem no cargo atual, e talvez não contribua para o crescimento da companhia no longo prazo. Funcionários cuja principal preocupação é alcançar resultados que possam beneficiá-los enquanto ocupam determinada função não demonstram importar-se muito com o que aconteça à empresa depois que abandonarem seus postos, mesmo que suas ações durante seu tempo no cargo sejam prejudiciais à companhia. Indivíduos com esse perfil irão prometer retornos futuros aos seus clientes, a fim de obter lucros imediatos. Farão o que for preciso para concluir um negócio lucrativo em sua passagem pelo cargo e deixarão problemas de todo tipo aos seus sucessores. Eles causam dificuldades à companhia e às pessoas que chegam depois deles.

Somos avaliados com base em nosso desempenho em nosso posto atual; portanto, precisamos alcançar resultados palpáveis para ganhar um aumento ou uma promoção. E com certeza podemos argumentar que há algo de equivocado com essa maneira de avaliar a capacidade das pessoas. Mesmo assim, é importante saber que nossa competência geral ou nosso desempenho na nossa função será melhor se fizermos o trabalho de um modo que possa beneficiar áreas não diretamente ligadas ao nosso desempenho pessoal.

Podemos alocar 60% a 70% do nosso tempo a tarefas que contribuam diretamente para o nosso desempenho pessoal, mas devemos usar os restantes 30% a 40% construindo alicerces para quem vem depois, contribuindo para o desenvolvimento da companhia. Devemos sempre ter essa dupla de objetivos em mente no trabalho do dia a dia.

A segunda condição de liderança – desenvolver nossa capacidade de educadores – costuma ser pouco valorizada. Em geral, a capacidade de treinar e educar os outros é bem menos valorizada do que a competência na função. Na realidade, as pessoas competentes costumam ter foco em progredir na própria carreira, mesmo à custa dos outros, enquanto os educadores, que podem nutrir e guiar os outros, costumam ficar para trás na corrida para o topo e acabam em cargos menos importantes. As corporações são um campo de treinamento para a construção do caráter e deveriam destacar e valorizar o talento educacional em seus líderes. Essa capacidade de ensinar e guiar os outros será cada vez mais exigida e valorizada na próxima era.

Que condições os líderes precisam possuir para atuar como educadores? Primeiro, devem ter *know--how*, para poder ensinar seus subordinados. Segundo, precisam ter uma boa compreensão dos seres humanos. Você não consegue ensinar uma pessoa a extrair o melhor de si a não ser que a conheça em profundidade. Os líderes precisam de *expertise* tanto na sua área de atuação quanto no conhecimento da mente humana. Portanto, se você quer avançar e chegar a um cargo gerencial, precisa acumular um extenso volume de conhecimento sobre os seres humanos e ampliar o âmbito de suas experiências.

Terceiro, os líderes precisam compreender que, como gestores, detêm o poder sobre a situação financeira de seus subordinados. Estão num cargo que influi muito na avaliação do desempenho dos outros e nas decisões referentes a merecer um aumento, uma promoção ou a concessão de mais benefícios. Portanto, não é exagero dizer que o bem-estar financeiro dos outros depende das decisões que os gerentes tomam.

Os gestores devem compreender esse seu poder de influenciar o bem-estar financeiro dos seus subordinados e fazer sempre esforços para avaliá-los de maneira justa, com dignidade e compaixão, como se estivessem seguindo a vontade de Deus. Nunca devem avaliar os outros com base em simpatias e antipatias pessoais.

Ser imparcial não é algo que se possa aprender apenas na escola e ao longo de um treinamento na convivência social. Conseguimos promover um espírito de justiça quando procuramos o Correto Coração, e este pode ser cultivado quando aprendemos e compreendemos os ensinamentos espirituais que vêm das dimensões mais elevadas do céu. Precisamos manter a humildade, o respeito e a devoção ao Divino. Na realidade, avaliar os outros é uma tarefa sagrada. Manter uma atitude isenta de julgamentos é obrigatório para líderes que estejam num cargo capaz de afetar de modo significativo o bem-estar dos demais.

As qualidades de um dono de negócio bem-sucedido

Na seção anterior, discutimos as qualidades e condições necessárias para gestores num ambiente corporativo. Agora, eu gostaria de falar sobre as condições essenciais para donos de empresas e empreendedores que iniciam e gerenciam o próprio negócio.

Acredito que há três pré-requisitos para administrar um negócio e torná-lo bem-sucedido. O primeiro é ter um bom senso de equilíbrio. Os donos de negócios precisam dessa capacidade em duas áreas: nas questões financeiras e nos recursos humanos. Precisam de um senso de equilíbrio para lidar com os ganhos e as despesas e para recrutar funcionários e destinar-lhes os cargos apropriados.

Se contratamos as pessoas certas para os cargos certos, o potencial delas pode desenvolver-se infinitamente. Porém, se lhes atribuímos funções que não são as mais adequadas a elas, não conseguirão usar sua capacidade. Manter o equilíbrio na gestão do capital humano é montar uma equipe que tenha condições de expandir o desenvolvimento geral da companhia. Esse equilíbrio na composição da equipe está relacionado com o equilíbrio entre ganhos e despesas; ambos pedem que se tenha uma visão do quadro geral e que se dê a mesma atenção a todas as partes.

A segunda condição essencial para se tornar um dono de negócio bem-sucedido é ser orientado para o futuro. Isso significa prever o que pode ocorrer daqui a um ano, cinco ou dez. Precisamos prever não só o futuro da companhia, mas também as perspectivas de negócios de outras áreas. Temos de examinar o futuro e explorar nossas opções e possibilidades de alcançar ainda maior prosperidade.

Os donos de negócios devem ter uma perspectiva que transcenda passado, presente e futuro. Quando olhamos para o passado, vemos o ponto de partida de nosso negócio e onde ele está agora, que papel tem na sociedade e quais são suas operações no presente. Ao olhar para o futuro, antevemos como nosso negócio irá se desenvolver e determinamos de modo abrangente quais serão as nossas necessidades de capital humano, de fundos e de espaço para fazer com que essa visão se torne realidade.

Nós conseguimos enxergar além de passado, presente e futuro quando adotamos uma perspectiva objetiva, como se estivéssemos olhando para nós mesmos com os olhos de outra pessoa. O segredo para obter esse tipo de visão, que transcenda o tempo, é tentar desapegar-se da sua consciência e ver as coisas objetivamente, indo além daquilo que seus olhos físicos são capazes de ver. É como se a consciência saísse de nosso corpo físico, se elevasse até o céu e olhasse para nós, aqui na Terra. Os líderes não podem ficar cegos pelas próprias emoções; devem ser capazes de olhar para si mesmos e para o seu entorno de modo objetivo.

O terceiro pré-requisito para se tornar um dono de negócio bem-sucedido é fazer um esforço constante para estar a serviço do mundo. Podemos alcançar algum grau de sucesso mesmo que nosso propósito seja apenas obter lucros que beneficiem a companhia ou nos tragam ganhos pessoais. No entanto, esse tipo de sucesso não é duradouro; acabaremos tropeçando e caindo, de um jeito ou de outro. Os donos de um negócio próspero são abençoados pelo sucesso e estão em posição vantajosa na sociedade, e esse sucesso impõe a eles a obrigação de dar algo de volta à sociedade.

Enquanto a segunda condição se refere a ter uma perspectiva que transcenda o tempo, a terceira condição exige uma perspectiva que transcenda o espaço. Líderes de alto escalão precisam ser capazes de ver a si mesmos dentro do contexto do setor, da sociedade, do país e do mundo inteiro.

Retribuir o amor que recebemos

A terceira condição essencial para aqueles que ocupam cargos de liderança é compreender seu dever, como membros da sociedade, de dar a ela algo em retribuição. Dito de modo mais simples, é nosso dever retribuir o amor que recebemos. Devemos sempre procurar maneiras de retribuir o amor e fazer com que circule de volta para a sociedade.

Como já mencionei, a gratidão é vital para o sucesso na vida. Queremos realizar grandes projetos, como abrir e comandar um novo negócio, assumir um novo cargo de liderança e ser amplamente reconhecidos pela sociedade – mas não conseguiremos alcançar isso sozinhos. O esforço próprio não é a única qualidade necessária para chegar a um cargo gerencial ou um posto de executivo numa corporação. Isso requer o apoio constante e a cooperação de muitas pessoas ao nosso redor. Se nossos subordinados, superiores, colegas e outros à nossa volta estiverem insatisfeitos com nosso desempenho, não teremos como alcançar sucesso em lidar com funcionários ou comandar a organização. Além disso, o apoio de cada uma dessas pessoas é indispensável para o êxito do nosso serviço e da empresa.

Quando assumimos cargos superiores, é importante lembrar profundamente do trabalho árduo efetuado por aqueles à nossa volta e que tornou possível a nossa realização. Se de fato valorizamos o amor que estamos recebendo dos outros, naturalmente vamos querer dar-lhes algo de volta. À medida que formos assumindo cargos mais altos e elevando nosso status, deveremos sentir ainda com mais força nosso desejo de retribuir, oferecendo um amor ainda maior.

Minha crença é que esse coração cheio de gratidão duradoura é a marca daqueles que alcançam o verdadeiro sucesso.

Personificar o amor

Outra maneira de encarar a retribuição é pegar o amor que sentimos dentro de nós, desenvolvê-lo e expressá-lo exteriormente por meio de ações.

Em meu livro *As Leis do Sol*[5], descrevi o amor como uma série de estágios de desenvolvimento que ser-

---

5 *As Leis do Sol* (2ª ed., São Paulo: IRH Press do Brasil, 2015).

vem para medir nosso crescimento como seres humanos. Esses estágios consistem, sobretudo, em: amor fundamental, amor que nutre, amor que perdoa e amor encarnado.

O primeiro estágio do amor, o amor fundamental, está um passo acima do amor instintivo. Enquanto o amor instintivo busca principalmente receber amor dos outros, o amor fundamental consiste em *dar* amor aos outros. Em suma, somos capazes de sentir o amor fundamental quando nosso estado mental progrediu o suficiente para dar aos outros e servi-los, em oposição a simplesmente receber.

Quando nosso desejo de dar aos outros e servi-los avança mais, tornamo-nos capazes de passar para o estágio seguinte, o do amor que nutre. Esse estágio é definido pelo amor que conseguimos administrar por meio de nossa liderança, e se baseia no desejo de nutrir as pessoas, as organizações e as sociedades como um todo.

Quando nosso amor evolui para a etapa seguinte, começamos a ver o mundo por uma perspectiva espiritual. É o estágio do amor que perdoa. Se o amor que nutre é o amor que damos àqueles que trabalham sob nossa orientação e liderança, o amor que perdoa é um tipo de amor que damos de modo imparcial a todos. Ele é desprovido de favoritismo e de discriminação. Vê todos os indivíduos como nascidos da mesma raiz e trata todas as pessoas igualmente como irmãos e irmãs. Em suma, o amor que perdoa é um estado mental que percebe o bem e o mal nos outros, mas transcende essa percepção.

O estágio final é o do amor encarnado. É o tipo de amor expresso por pessoas que possuem tamanha grandeza que se tornam o espírito de sua época. A mera presença delas no mundo torna-se um advento do próprio amor. Esse amor que manifestam não é necessariamente reconhecido por meio de feitos ou ações tangíveis. Em vez disso, elas personificam e expressam o amor em todo o seu ser. São puras personificações da ideia que chamamos de amor.

Esse estágio de amor não está totalmente fora de nosso alcance. Nosso coração é capaz de uma versão simples do amor encarnado. Seja no trabalho ou em casa, podemos personificar o amor ao nos esforçarmos para ser alguém que os outros se sintam felizes em conhecer. Ao praticarmos o amor encarnado, os outros se sentem bem com a nossa presença na vida deles; sentem-se felizes por terem nos conhecido, convivido ou trabalhado conosco. Minha esperança é que muitos de meus leitores possam evoluir e se tornar exemplos do amor encarnado.

A Bíblia ensina que a fama e o status são fúteis se não forem acompanhados por amor: "Quem não ama não conhece Deus, porque Deus é amor" (1 João

4:8). Do mesmo modo, quem alcança o sucesso, mas não ama, não conhece o verdadeiro sucesso. Devemos nos esforçar para cultivar um amor maior, rumo à meta de atingir o estado de amor encarnado. Esse esforço de amar é essencial para o verdadeiro sucesso.

Este livro descreveu os vários aspectos dos meus princípios do sucesso. O que resume todos eles é essa qualidade de amor. Sinto que essa prática incessante de fazer evoluir o amor em nosso coração é indispensável para uma filosofia do sucesso moderno. Em última análise, o ápice dessa filosofia está no progresso do nosso amor por meio desses estágios de desenvolvimento e, mais especificamente, em alcançar o estágio do amor encarnado. Acredito que só seremos verdadeiramente bem-sucedidos quando chegarmos a esse estágio. Um amor profundo e arrebatado é o melhor método para alcançar o verdadeiro sucesso.

Posfácio

É possível que exista outro livro tão repleto de luz quanto este? Você já leu alguma obra que inspire tanta coragem e esperança quanto esta? Existe algo que possa se comparar com seu poder de inspirá-lo quando você está lutando contra obstáculos, fracassos, ansiedade ou sentimentos de inferioridade?

Em tempos de desilusões amorosas, desemprego, doenças graves, reprovação em exames vestibulares, colapso da família, fracassos nos relacionamentos interpessoais e angústia em relação a envelhecer, estas páginas darão a você uma luz orientadora.

Creia neste livro.
Então, suas esperanças futuras
  se tornarão realidade.
Quando você se encontrar em meio a
  sofrimentos e tristezas,
  faça deste livro o seu farol-guia.
Creia nesta obra milagrosa.

Se você está atormentado numa cama de hospital ou sofrendo com alguma doença em sua família, espero que leia um pouco deste livro a cada dia, pois ele servirá como uma fonte de coragem e de alimento para sua alma. Ao fazer isso, tenho certeza de que as condições que você enfrenta serão revertidas e irão melhorar, permitindo que sua família recupere a alegria e o entusiasmo tão preciosos[6].

Ryuho Okawa

---

[6] Posfácio escrito em 2004.

Sobre o autor

Ryuho Okawa nasceu em 7 de julho de 1956, em Tokushima, Japão. Após graduar-se na Universidade de Tóquio, juntou-se a uma empresa mercantil com sede em Tóquio. Enquanto trabalhava na filial de Nova York, estudou Finanças Internacionais no Graduate Center of the City University of New York.

Em 23 de março de 1981, alcançou a Grande Iluminação e despertou para Sua consciência central, El Cantare – cuja missão é trazer felicidade para a humanidade – e fundou a Happy Science em 1986.

Atualmente, a Happy Science expandiu-se para mais de 100 países, com mais de 700 templos locais no Japão e no exterior. O Mestre Ryuho Okawa realizou mais de 3.000 palestras, sendo mais de 140 em inglês. Ele possui mais de 2.500 livros publicados – traduzidos para mais de 31 línguas –, muitos dos quais alcançaram a casa dos milhões de cópias vendidas, inclusive *As Leis do Sol*.

Ele também é o fundador da Universidade da Happy Science e da Happy Science Academy (ensino secundário), fundador do Partido da Realização da Felicidade, fundador e Diretor Honorário do Instituto Happy Science de Governo e Gestão, fundador da Editora IRH Press e Presidente da New Star Production Co., Ltd. (estúdio cinematográfico) e ARI Production Co., Ltd.

• Sobre o autor •

Transmissão de palestras em mais de 3.500 locais ao redor do mundo

Desde que fundou a Happy Science, em 1986, o mestre Ryuho Okawa deu mais de 3.000 palestras. Esta foto é da palestra especial realizada no Tokyo Dome no Japão, em 2 de agosto de 2017. Na palestra intitulada "A Escolha da Humanidade", o mestre revelou os segredos históricos da criação da humanidade e afirmou que os humanos estão agora em uma encruzilhada: escolher paz e estabilidade ou não. É natural que os países se defendam, mas ele ensinou que há um outro padrão pelo qual os países podem se defender: com base na Vontade de Deus. No final da palestra, Okawa declarou que acima de todas as religiões está o Deus da Terra, e enfatizou a importância dos humanos para deter a guerra e o terrorismo e criar harmonia. Cerca de 50 mil pessoas compareceram ao estádio principal e o evento também foi transmitido ao vivo em mais de 3.500 locais ao redor do mundo.

Mais de 2.500 livros publicados

As obras do mestre Ryuho Okawa foram traduzidas em 31 línguas e vêm sendo cada vez mais lidas no mundo inteiro. Em 2010, ele recebeu menção no livro *Guinness World Records* por ter publicado 52 títulos em um ano. Ao longo de 2013, publicou 106 livros. Em 2019, o número de livros lançados pelo mestre Okawa passou de 2.500.

Entre eles, há também muitas mensagens de espíritos de grandes figuras históricas e de espíritos guardiões de importantes personalidades que vivem no mundo atual.

Sobre a Happy Science

A Happy Science é um movimento global que capacita as pessoas a encontrar um propósito de vida e felicidade espiritual, e a compartilhar essa felicidade com suas famílias, a sociedade e o planeta. Com mais de 12 milhões de membros em todo o globo, a Happy Science visa aumentar a consciência das verdades espirituais e expandir nossa capacidade de amor, compaixão e alegria, para que juntos possamos criar o tipo de mundo no qual todos desejamos viver. Seus ensinamentos baseiam-se nos Princípios da Felicidade – Amor, Conhecimento, Reflexão e Desenvolvimento –, que abraçam filosofias e crenças mundiais, transcendendo as fronteiras da cultura e das religiões.

O **amor** nos ensina a dar livremente sem esperar nada em troca; abrange dar, nutrir e perdoar.

A **sabedoria** nos leva às ideias das verdades espirituais e nos abre para o verdadeiro significado da vida e da vontade de Deus – o universo, o poder mais alto, Buda.

A **reflexão** traz uma atenção consciente, sem o julgamento de nossos pensamentos e ações a fim de nos ajudar a encontrar o nosso eu verdadeiro – a essência de nossa alma – e aprofundar nossa conexão com o poder mais alto. Isso nos permite alcançar uma mente limpa e pacífica e nos leva ao caminho certo da vida.

O **desenvolvimento** enfatiza os aspectos positivos e dinâmicos do nosso crescimento espiritual: ações que podemos adotar para manifestar e espalhar a felicidade pelo planeta. É um caminho que não apenas expande o crescimento de nossa alma, como também promove o potencial coletivo do mundo em que vivemos.

Programas e Eventos

Os templos locais da Happy Science oferecem regularmente eventos, programas e seminários. Junte-se às nossas sessões de meditação, assista às nossas palestras, participe dos grupos de estudo, seminários e eventos literários. Nossos programas ajudarão você a:
- aprofundar sua compreensão do propósito e significado da vida;
- melhorar seus relacionamentos conforme você aprende a amar incondicionalmente;
- aprender a tranquilizar a mente mesmo em dias estressantes, pela prática da contemplação e da meditação;
- aprender a superar os desafios da vida e muito mais.

Contatos

A Happy Science é uma organização mundial, com centros de fé espalhados pelo globo. Para ver a lista completa dos centros, visite a página happy-science.org. A seguir encontram-se alguns dos endereços da Happy Science:

BRASIL

São Paulo (Matriz)
Rua Domingos de Morais 1154,
Vila Mariana, São Paulo, SP
CEP 04010-100, Brasil
Tel.: 55-11-5088-3800
Email: sp@happy-science.org
Website: happyscience.com.br

São Paulo (Zona Sul)
Rua Domingos de Morais 1154,
Vila Mariana, São Paulo, SP
CEP 04010-100, Brasil
Tel.: 55-11-5088-3800
Email: sp_sul@happy-science.org

São Paulo (Zona Leste)
Rua Fernão Tavares 124,
Tatuapé, São Paulo, SP
CEP 03306-030, Brasil
Tel.: 55-11-2295-8500
Email: sp_leste@happy-science.org

São Paulo (Zona Oeste)
Rua Grauçá 77,
Vila Sônia, São Paulo, SP
CEP 05626-020, Brasil
Tel.: 55-11-3061-5400
Email: sp_oeste@happy-science.org

Campinas
Rua Joana de Gusmão 187,
Jd. Guanabara, Campinas, SP
CEP 13073-370, Brasil
Tel.: 55-19-3255-3346

Capão Bonito
Rua Benjamin Constant 225,
Centro, Capão Bonito, SP
CEP 18300-322, Brasil
Tel.: 55-15-3543-2010

Jundiaí
Rua Congo 447,
Jd. Bonfiglioli, Jundiaí, SP
CEP 13207-340, Brasil
Tel.: 55-11-4587-5952
Email: jundiai@happy-science.org

Londrina
Rua Piauí 399, 1º andar, sala 103,
Centro, Londrina, PR
CEP 86010-420, Brasil
Tel.: 55-43-3322-9073

Santos / São Vicente
Rua João Ramalho 574, sala 4,
Centro, São Vicente, SP
CEP 11310-050, Brasil
Tel.: 55-13-99158-4589
Email: santos@happy-science.org

Sorocaba
Rua Dr. Álvaro Soares 195, sala 3,
Centro, Sorocaba, SP
CEP 18010-190, Brasil
Tel./Fax: 55-15-3359-1601,
55-15-3359-1601
Email: sorocaba@happy-science.org

Rio de Janeiro
Largo do Machado 21, sala 605,
Catete, Rio de Janeiro, RJ
CEP 22221-020, Brasil
Tel.: 55-21-3689-1457
Email: riodejaneiro@happy-science.org

ESTADOS UNIDOS E CANADÁ

Nova York
79 Franklin St.,
Nova York, NY 10013
Tel.: 1-212-343-7972
Fax: 1-212-343-7973
Email: ny@happy-science.org
Website: happyscience-na.org

Los Angeles
1590 E. Del Mar Blvd.,
Pasadena, CA 91106
Tel.: 1-626-395-7775
Fax: 1-626-395-7776
Email: la@happy-science.org
Website: happyscience-na.org

San Francisco
525 Clinton St.,
Redwood City, CA 94062
Tel./Fax: 1-650-363-2777
Email: sf@happy-science.org
Website: happyscience-na.org

Havaí
Tel.: 1-808-591-9772
Fax: 1-808-591-9776
Email: hi@happy-science.org
Website: happyscience-na.org

Kauai
4504 Kukui Street.,
Dragon Building Suite 21,
Kapaa, HI 96746
Tel.: 1-808-822-7007
Fax: 1-808-822-6007
Email: kauai-hi@happy-science.org
Website: happyscience-na.org

Flórida
5208 8thSt., Zephyrhills,
Flórida 33542
Tel.: 1-813-715-0000
Fax: 1-813-715-0010
Email: florida@happy-science.org
Website: happyscience-na.org

Toronto
845 The Queensway Etobicoke,
ON M8Z 1N6, Canadá
Tel.: 1-416-901-3747
Email: toronto@happy-science.org
Website: happy-science.ca

• Contatos •

INTERNACIONAL

Tóquio
1-6-7 Togoshi, Shinagawa
Tóquio, 142-0041, Japão
Tel.: 81-3-6384-5770
Fax: 81-3-6384-5776
Email: tokyo@happy-science.org
Website: happy-science.org

Londres
3 Margaret St.,
Londres, W1W 8RE, Grã-Bretanha
Tel.: 44-20-7323-9255
Fax: 44-20-7323-9344
Email: eu@happy-science.org
Website: happyscience-uk.org

Sydney
516 Pacific Hwy, Lane Cove North,
NSW 2066, Austrália
Tel.: 61-2-9411-2877
Fax: 61-2-9411-2822
Email: sydney@happy-science.org
Website: happyscience.org.au

Nepal
Kathmandu Metropolitan City
Ward Nº 15, Ring Road, Kimdol,
Sitapaila Kathmandu, Nepal
Tel.: 977-1-427-2931
Email: nepal@happy-science.org

Uganda
Plot 877 Rubaga Road, Kampala
P.O. Box 34130, Kampala, Uganda
Tel.: 256-79-3238-002
Email: uganda@happy-science.org

Tailândia
19 Soi Sukhumvit 60/1,
Bang Chak, Phra Khanong,
Bancoc, 10260, Tailândia
Tel.: 66-2-007-1419
Email: bangkok@happy-science.org
Website: happyscience-thai.org

Indonésia
Darmawangsa
Square Lt. 2 Nº 225,
Jl. Darmawangsa VI & IX,
Indonésia
Tel.: 021-7278-0756
Email: indonesia@happy-science.org

Filipinas Taytay
LGL Bldg, 2nd Floor,
Kadalagaham cor,
Rizal Ave. Taytay,
Rizal, Filipinas
Tel.: 63-2-5710686
Email: philippines@happy-science.org

Seul
74, Sadang-ro 27-gil,
Dongjak-gu, Seoul, Coreia do Sul
Tel.: 82-2-3478-8777
Fax: 82-2- 3478-9777
Email: korea@happy-science.org

Taipé
Nº 89, Lane 155, Dunhua N. Road.,
Songshan District, Cidade de Taipé 105,
Taiwan
Tel.: 886-2-2719-9377
Fax: 886-2-2719-5570
Email: taiwan@happy-science.org

Malásia
Nº 22A, Block 2, Jalil Link Jalan Jalil
Jaya 2, Bukit Jalil 57000, Kuala Lumpur,
Malásia
Tel.: 60-3-8998-7877
Fax: 60-3-8998-7977
Email: malaysia@happy-science.org
Website: happyscience.org.my

Partido da Realização da Felicidade

O Partido da Realização da Felicidade (PRF) foi fundado no Japão em maio de 2009 pelo mestre Ryuho Okawa, como parte do Grupo Happy Science, para oferecer soluções concretas e práticas a assuntos atuais, como as ameaças militares da Coreia do Norte e da China e a recessão econômica de longo prazo. O PRF objetiva implementar reformas radicais no governo japonês, a fim de levar paz e prosperidade ao Japão. Para isso, o PRF propõe duas medidas principais:

1. Fortalecer a segurança nacional e a aliança Japão-EUA, que tem papel vital para a estabilidade da Ásia.
2. Melhorar a economia japonesa implementando cortes drásticos de impostos, adotando medidas monetárias facilitadoras e criando novos grandes setores.

O PRF defende que o Japão deve oferecer um modelo de nação religiosa que permita a coexistência de valores e crenças diversos, e que contribua para a paz global.

Para mais informações, visite en.hr-party.jp

Universidade Happy Science

O espírito fundador e a meta da educação

Com base na filosofia fundadora da universidade, que é de "Busca da felicidade e criação de uma nova civilização", são oferecidos educação, pesquisa e estudos para ajudar os estudantes a adquirirem profunda compreensão, assentada na crença religiosa, e uma expertise avançada, para com isso produzir "grandes talentos de virtude" que possam contribuir de maneira abrangente para servir o Japão e a comunidade internacional.

Visão geral das faculdades e departamentos

– Faculdade de Felicidade Humana, Departamento de Felicidade Humana

Nesta faculdade, os estudantes examinam as ciências humanas sob vários pontos de vista, com uma abordagem multidisciplinar, a fim de poder explorar e vislumbrar um estado ideal dos seres humanos e da sociedade.

– Faculdade de Administração de Sucesso, Departamento de Administração de Sucesso

Esta faculdade tem por objetivo tratar da administração de sucesso, ajudando entidades organizacionais de todo tipo a criar valor e riqueza para a sociedade e contribuir para a felicidade e o desenvolvimento da administração e dos empregados, assim como da sociedade como um todo.

– Faculdade da Indústria Futura, Departamento de Tecnologia Industrial

O objetivo desta faculdade é formar engenheiros capazes de resolver várias das questões enfrentadas pela civilização moderna, do ponto de vista tecnológico, contribuindo para criar novos setores no futuro.

• Universidade Happy Science •

Academia Happy Science
Escola Secundária de Primeiro e Segundo Grau

A Academia Happy Science de Primeiro e Segundo Grau é uma escola em período integral fundada com o objetivo de educar os futuros líderes do mundo para que tenham uma visão ampla, perseverem e assumam novos desafios. Hoje há dois *campi* no Japão: o Campus Sede de Nasu, na província de Tochigi, fundado em 2010, e o Campus Kansai, na província de Shiga, fundado em 2013.

Filmes da Happy Science

O mestre Okawa é criador e produtor executivo de dezessete filmes, que receberam vários prêmios e reconhecimento ao redor do mundo. Títulos dos filmes:

- As Terríveis Revelações de Nostradamus (1994)
- Hermes – Ventos do Amor (1997)
- As Leis do Sol (2000)
- As Leis Douradas (2003)
- As Leis da Eternidade (2006)
- O Renascimento de Buda (2009)
- O Julgamento Final (2012)
- As Leis Místicas (2012)
- As Leis do Universo – Parte 0 (2015)
- Estou Bem, Meu Anjo (2016)
- O Mundo em que Vivemos (2017)
- Alvorecer (2018)
- As Leis do Universo – Parte I (2018)
- Confortando o Coração (título provisório) – documentário (2018)
- A Última Feiticeira do Amor (2019)
- Vidas que se iluminam (título provisório) – documentário (2019)
- Herói Imotal (2019)

As Leis do Sol

As Leis Douradas

• FILMES DA HAPPY SCIENCE •

As Leis da Eternidade

As Leis Místicas

As Leis do Universo (Parte 0)

A Última Feiticeira do Amor

As Leis do Universo (Parte I)

Outros livros de Ryuho Okawa

SÉRIE LEIS

As Leis do Sol
A Gênese e o Plano de Deus
IRH Press do Brasil

Neste livro poderoso, Ryuho Okawa revela a natureza transcendental da consciência e os segredos do nosso universo multidimensional, bem como o lugar que ocupamos nele. Ao compreender as leis naturais que regem o universo e desenvolver sabedoria pela reflexão com base nos Oito Corretos Caminhos ensinados no budismo, o autor tem como acelerar nosso eterno processo de desenvolvimento e ascensão espiritual. Também indica o caminho para se chegar à verdadeira felicidade. Edição revista e ampliada.

As Leis Douradas
O Caminho para um Despertar Espiritual
Editora Best Seller

Ao longo da história, os Grandes Espíritos Guias de Luz, como Buda Shakyamuni, Jesus Cristo, Krishna e Maomé, têm estado presentes na Terra, em momentos cruciais da história humana, para cuidar do nosso desenvolvimento espiritual. Este livro traz a visão do Supremo Espírito que rege o Grupo Espiritual da Terra, El Cantare, revelando como o plano de Deus tem sido concretizado ao longo do tempo. Depende de todos nós vencer o desafio, trabalhando juntos para ampliar a Luz.

As Leis da Imortalidade
O Despertar Espiritual para uma
Nova Era Espacial
IRH Press do Brasil

Milagres ocorrem de fato o tempo todo à nossa volta. Aqui, o mestre Okawa revela as verdades sobre os fenômenos espirituais e ensina que as leis espirituais eternas realmente existem, e como elas moldam o nosso planeta e os mundos além deste que conhecemos. Milagres e ocorrências espirituais dependem não só do Mundo Celestial, mas sobretudo de cada um de nós e do poder contido em nosso interior – o poder da fé.

As Leis Místicas
Transcendendo as Dimensões Espirituais
IRH Press do Brasil

A humanidade está entrando numa nova era de despertar espiritual graças a um grandioso

• Outros livros de Ryuho Okawa •

plano, estabelecido há mais de 150 anos pelos Espíritos Superiores. Aqui são esclarecidas questões sobre espiritualidade, misticismo, hermetismo, possessões e fenômenos místicos, canalizações, comunicações espirituais e milagres que não foram ensinados nas escolas nem nas religiões. Você compreenderá o verdadeiro significado da vida na Terra, fortalecerá sua fé e religiosidade, despertando o poder de superar seus limites e até de manifestar milagres por meio de fenômenos sobrenaturais.

As Leis da Salvação
Fé e a Sociedade Futura
IRH Press do Brasil

O livro analisa o tema da fé e traz explicações relevantes para qualquer pessoa, pois ajudam a elucidar os mecanismos da vida e o que ocorre depois dela, permitindo que os seres humanos adquiram maior grau de compreensão, progresso e felicidade. Também aborda questões importantes, como a verdadeira natureza do homem enquanto ser espiritual, a necessidade da religião, a existência do bem e do mal, o papel das escolhas, a possibilidade do apocalipse, como seguir o caminho da fé e ter esperança no futuro, entre outros temas.

As Leis da Eternidade
A Revelação dos Segredos das Dimensões Espirituais do Universo
Editora Cultrix

Cada uma de nossas vidas é parte de uma série de vidas cuja realidade se assenta no outro mundo espiritual. Neste livro esclarecedor, Ryuho Okawa revela os aspectos multidimensionais do Outro Mundo, descrevendo suas dimensões, características e leis. Ele também explica por que é essencial para nós compreendermos a estrutura e a história do mundo espiritual e percebermos a razão de nossa vida – como parte da preparação para a Era Dourada que está por se iniciar.

As Leis da Felicidade
Os Quatro Princípios para uma Vida Bem-Sucedida
Editora Cultrix

Este livro é uma introdução básica aos ensinamentos de Ryuho Okawa, ilustrando o cerne de sua filosofia. O autor ensina que, se as pessoas conseguem dominar os Princípios da Felicidade – Amor, Conhecimento, Reflexão e Desenvolvimento –, elas podem fazer sua vida brilhar, tanto neste mundo como no outro, pois esses princípios são os recursos para escapar do sofrimento e que conduzem as pessoas à verdadeira felicidade.

• Outros livros de Ryuho Okawa •

As Leis da Sabedoria
Faça Seu Diamante Interior Brilhar
IRH Press do Brasil

Neste livro, Okawa descreve, sob diversas óticas, a sabedoria que devemos adquirir na vida: conceitos sobre o modo de viver, dicas para produção intelectual e os segredos da boa gestão empresarial. Depois da morte, a única coisa que o ser humano pode levar de volta consigo para o outro mundo é seu "coração". E dentro dele reside a "sabedoria", a parte que preserva o brilho de um diamante. A Iluminação na vida moderna é um processo diversificado e complexo. Porém, o mais importante é jogar um raio de luz sobre seu modo de vida e, com seus esforços, produzir magníficos cristais durante sua preciosa passagem pela Terra.

As Leis da Justiça
Como Resolver os Conflitos Mundiais e Alcançar a Paz
IRH Press do Brasil

O autor afirma: "Com este livro, fui além do âmbito de um trabalho acadêmico. Em outras palavras, assumi o desafio de colocar as revelações de Deus como um tema de estudo acadêmico. Busquei formular uma imagem de como a justiça deveria ser neste mundo, vista da perspectiva de Deus ou de Buda. Para isso, fui além do conhecimento acadêmico de destacados estudiosos do Japão e do mundo, assim como do saber de primeiros-ministros e presidentes. Alguns de meus leitores sentirão nestas palavras a presença de Deus no nível global".

As Leis do Futuro
Os Sinais da Nova Era
IRH Press do Brasil

O futuro está em suas mãos. O destino não é algo imutável e pode ser alterado por seus pensamentos e suas escolhas. Tudo depende de seu despertar interior, pois só assim é possível criar um futuro brilhante. Podemos encontrar o Caminho da Vitória usando a força do pensamento para obter sucesso na vida material e espiritual. O desânimo e o fracasso são coisas que não existem de fato: não passam de lições para o nosso aprimoramento nesta escola chamada Terra. Ao ler este livro, a esperança renascerá em seu coração e você cruzará o portal para a nova era.

As Leis da Perseverança
Como Romper os Dogmas da Sociedade
e Superar as Fases Difíceis da Vida
IRH Press do Brasil

Ao ler este livro, você compreenderá que pode mudar sua forma de pensar e vencer os obstáculos que os dogmas e o senso comum da sociedade colocam em nosso caminho, apoiando-se numa força que o ajudará a superar as provações: a perseverança. Nem sempre o caminho mais fácil é o correto e o mais sábio. O mestre Okawa compartilha seus segredos no uso da perseverança e do esforço para fortalecer sua mente, superar suas limitações e resistir ao longo do caminho que o conduzirá a uma vitória infalível.

As Leis da Missão
Desperte Agora para as Verdades Espirituais
IRH Press do Brasil

Estas são as leis do milagre para se viver a era do coração. São leis repletas de misericórdia, ainda que fundamentadas na sabedoria. Poucas pessoas têm consciência de que estão trilhando os tempos da Luz, porque o mundo de hoje está repleto de catástrofes e infelicidades. Por isso, o autor afirma: "Agora é a hora". Quando a humanidade está se debatendo no mais profundo sofrimento, é nesse momento que Deus está mais presente. Estas também são as leis da salvação, do amor, do perdão e da verdade. Aqui estão as respostas para suas dúvidas. Construa um túnel para perfurar a montanha da teoria.

As Leis da Invencibilidade
Como Desenvolver uma Mente Estratégica e Gerencial
IRH Press do Brasil

O autor desenvolveu uma filosofia sobre a felicidade que se estende ao longo desta vida e prossegue na vida após a morte. Seus fundamentos são os mesmos do budismo, que diz que o estado mental que mantivermos nesta vida irá determinar nosso destino no outro mundo. Okawa afirma: "Desejo fervorosamente que todos alcancem a verdadeira felicidade neste mundo e que ela persista na vida após a morte. Um intenso sentimento meu está contido na palavra 'invencibilidade'. Espero que este livro dê coragem e sabedoria àqueles que o leem hoje e às pessoas das gerações futuras".

As Leis da Fé
Um Mundo Além das Diferenças
IRH Press do Brasil

Em essência, sem Deus é impossível haver elevação do caráter e da moral do ser humano. As pessoas são capazes de carregar sentimentos sublimes quando creem em algo maior do que elas mesmas, em uma entidade superior aos humanos. Estamos nos aproximando de um momento decisivo na história da humanidade, e este livro nos oferece a chave para aceitar diversidades além das diferenças de etnia, religião, raça, gênero, descendência e assim por diante, harmonizar os indivíduos e as nações e criar um mundo cheio de paz e prosperidade.

As Leis de Bronze
Desperte para sua origem e viva pelo amor
IRH Press do Brasil

A palavra "bronze" do título simboliza a fé intensa. Muitas instituições religiosas, como as igrejas cristãs europeias, costumavam ter portas de bronze para proteger seu santuário da influência secular. Okawa nos encoraja neste livro a encontrar o amor de Deus dentro de cada um e a conhecer a Verdade universal. Com ela, é possível construir a fé, que é altruísta e forte como as portas de bronze que protegem nossa felicidade espiritual de quaisquer dificuldades que precisarmos enfrentar neste mundo. Este livro também ensina práticas diárias para criar harmonia no lar, em seu país e no mundo. Entre elas:

- encontrar um equilíbrio entre fé e trabalho;
- a integridade de viver segundo valores espirituais, mesmo que exija autossacrifício;
- qual o sentido de viver com uma deficiência;
- por que é importante espalhar a liberdade, a democracia e a fé por todo o mundo;
- como o ato de dar amor pode criar harmonia em seus relacionamentos pessoais.

SÉRIE ENTREVISTAS ESPIRITUAIS

O Próximo Grande Despertar
Um Renascimento Espiritual
IRH Press do Brasil

Esta obra traz revelações surpreendentes, que podem desafiar suas crenças. São mensagens transmitidas pelos Espíritos Superiores ao mestre Okawa, para que você compreenda a verdade sobre o que chamamos de "realidade". Se você ainda não está convencido de que há muito mais coisas do que aquilo que podemos ver, ouvir, tocar e experimentar; se você ainda não está certo de que os Espíritos Superiores, os Anjos da Guarda e os alienígenas existem aqui na Terra, então leia este livro.

Mensagens do Céu
Revelações de Jesus, Buda, Moisés e Maomé
para o Mundo Moderno
IRH Press do Brasil

Okawa compartilha as mensagens desses quatro espíritos, recebidas por comunicação espiritual, e o que eles desejam que as pessoas da presente época saibam. Jesus envia mensagens de amor, fé e perdão; Buda ensina sobre o "eu" interior, perseverança, sucesso e iluminação na vida terrena; Moisés explora o sentido da retidão, do pecado e da

• Outros livros de Ryuho Okawa •

justiça; e Maomé trata de questões sobre a tolerância, a fé e os milagres. Você compreenderá como esses líderes religiosos influenciaram a humanidade ao expor sua visão a respeito das Verdades Universais e por que cada um deles era um mensageiro de Deus empenhado em guiar as pessoas.

A Última Mensagem de Nelson Mandela para o Mundo
Uma Conversa com Madiba Seis Horas Após Sua Morte
IRH Press do Brasil

Nelson Mandela, conhecido como Madiba, veio até o mestre Okawa seis horas após seu falecimento e transmitiu sua última mensagem de amor e justiça para todos, antes de retornar ao Mundo Espiritual. Porém, a revelação mais surpreendente deste livro é que Mandela é um Grande Anjo de Luz, trazido a este mundo para promover a justiça divina, e que, no passado remoto, foi um grande herói da Bíblia.

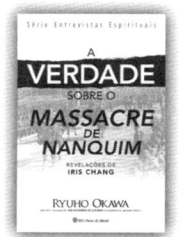

A Verdade sobre o Massacre de Nanquim
Revelações de Iris Chang
IRH Press do Brasil

Iris Chang, jornalista norte-americana de ascendência chinesa, ganhou notoriedade após lançar, em 1997, *O Estupro de Nanquim*, em que denuncia as atrocidades cometidas pelo Exército Imperial Japonês durante a Guerra Sino-Japonesa, em 1938-39. Foi a partir da publicação da obra que a expressão "Massacre de Nanquim" passou a ser conhecida e recentemente voltou à tona, espalhando-se depressa dos Estados Unidos para o mundo. Atualmente, porém, essas afirmações vêm sendo questionadas. Para esclarecer o assunto, Okawa invocou o espírito da jornalista dez anos após sua morte e revela, aqui, o estado de Chang à época de sua morte e a grande possibilidade de uma conspiração por trás de seu livro.

Mensagens de Jesus Cristo
A Ressurreição do Amor
Editora Cultrix

Assim como muitos outros Espíritos Superiores, Jesus Cristo tem transmitido diversas mensagens espirituais ao mestre Okawa, cujo objetivo é orientar a humanidade e despertá-la para uma nova era de espiritualidade.

Walt Disney
Os Segredos da Magia que Encanta as Pessoas
IRH Press do Brasil

Walt Disney foi o criador de Mickey Mouse e fundador do império conhecido como Disney World; lançou diversos desenhos animados que obtiveram reconhecimento global e, graças à sua atuação diversificada, estabeleceu uma base sólida para os vários empreendimentos de entretenimento. Nesta entrevista espiritual, ele nos revela os segredos do sucesso que o consagrou como um dos mais bem-sucedidos empresários da área de entretenimento do mundo contemporâneo.

Série Autoajuda

Estou Bem!
7 Passos para uma Vida Feliz
IRH Press do Brasil

Diferentemente dos textos de autoajuda escritos no Ocidente, este livro traz filosofias universais que irão atender às necessidades de qualquer pessoa. Um tesouro repleto de reflexões que transcendem as diferenças culturais, geográficas, religiosas e raciais. É uma fonte de inspiração e transformação com instruções concretas para uma vida feliz. Seguindo os passos deste livro, você poderá dizer: "Estou bem!" com convicção e um sorriso amplo, onde quer que esteja e diante de qualquer circunstância que a vida lhe apresente.

THINK BIG – Pense Grande
O Poder para Criar o Seu Futuro
IRH Press do Brasil

Tudo na vida das pessoas manifesta-se de acordo com o pensamento que elas mantêm diariamente em seu coração. A ação começa dentro da mente. A capacidade de criar de cada pessoa limita-se à sua capacidade de pensar. Ao conhecermos a Verdade sobre o poder do pensamento, teremos em nossas mãos o poder da prosperidade, da felicidade, da saúde e da liberdade de seguir nossos rumos, independentemente das coisas que nos prendem a este mundo material. Com este livro, você aprenderá o verdadeiro significado do Pensamento Positivo e como usá-lo de forma efetiva para concretizar seus sonhos. Leia e descubra como ser positivo, corajoso e realizar seus sonhos.

Mude Sua Vida, Mude o Mundo
Um Guia Espiritual para Viver Agora
IRH Press do Brasil

Este livro é uma mensagem de esperança, que contém a solução para o estado de crise em que nos encontramos hoje, quando a guerra, o terrorismo e os desastres econômicos provocam dor e sofrimento por todos os continentes. É um chamado para nos fazer despertar para

• Outros livros de Ryuho Okawa •

a Verdade de nossa ascendência, para que todos nós, como irmãos, possamos reconstruir o planeta e transformá-lo numa terra de paz, prosperidade e felicidade.

Pensamento Vencedor
Estratégia para Transformar o Fracasso em Sucesso
Editora Cultrix

A vida pode ser comparada à construção de um túnel, pois muitas vezes temos a impressão de ter pela frente como obstáculo uma rocha sólida. O pensamento vencedor opera como uma poderosa broca, capaz de perfurar essa rocha. Quando praticamos esse tipo de pensamento, nunca nos sentimos derrotados em nossa vida. Esse pensamento baseia-se nos ensinamentos de reflexão e desenvolvimento necessários para superar as dificuldades da vida e obter prosperidade. Ao estudar a filosofia contida neste livro e colocá-la em prática, você será capaz de declarar que não existe essa coisa chamada derrota – só existe o sucesso.

A Mente Inabalável
Como Superar as Dificuldades da Vida
IRH Press do Brasil

Muitas vezes somos incapazes de lidar com os obstáculos da vida, sejam eles problemas pessoais ou profissionais, tragédias inesperadas ou dificuldades que nos acompanham há tempos. Para o autor, a melhor solução para tais situações é ter uma mente inabalável. Neste livro, ele descreve maneiras de adquirir confiança em si mesmo e alcançar o crescimento espiritual, adotando como base uma perspectiva espiritual.

Trabalho e Amor
Como Construir uma Carreira Brilhante
IRH Press do Brasil

O sucesso no trabalho pode trazer muita alegria. Mas só encontramos verdadeiro prazer ao cumprir nossa vocação com paixão e propósito — então, nosso sucesso é abençoado de verdade. Quando cumprimos nossa vocação, conseguimos superar todos os obstáculos, pois sabemos que nosso trabalho confere valor à vida dos outros e traz sentido e satisfação para a nossa vida. Aqui, Okawa introduz dez princípios para você desenvolver sua vocação e conferir valor, propósito e uma devoção de coração ao trabalho com o qual sempre sonhou. Você irá descobrir princípios que propiciam: trabalho de alto nível; avanço na carreira; atitude mental voltada para o desenvolvimento e a liderança; poder do descanso e do relaxamento; liberação do verdadeiro potencial; saúde e vitalidade duradouras.

• Outros livros de Ryuho Okawa •

O milagre da meditação
Conquiste Paz, Alegria e Poder Interior
IRH Press do Brasil

A meditação pode abrir sua mente para o potencial de transformação que existe dentro de você e conecta sua alma à sabedoria celestial – tudo pela força da fé. Este livro combina o poder da fé e a prática da meditação para ajudá-lo a conquistar paz interior, descobrir sua natureza divina, encontrar seu "eu" ideal e cultivar uma vida com propósitos firmes de altruísmo e compaixão.

Gestão Empresarial
Os Conceitos Fundamentais para a Prosperidade nos Negócios
IRH Press do Brasil

Uma obra muito útil tanto para os gestores empresariais como para aqueles que pretendem ingressar no mundo dos negócios. Os princípios aqui ensinados podem transformar um pequeno empreendimento em uma grande empresa, do porte daquelas cujas ações são negociadas na Bolsa de Valores. Há orientações claras e precisas para:
• montar uma organização voltada para o crescimento;
• expandir ao máximo o potencial do executivo;
• oferecer um serviço ou produto que encante o cliente;

- avaliar as pessoas e aproveitar a força delas;
- identificar o grau de importância das diferentes tarefas;
- lidar com os relacionamentos interpessoais para se tornar um grande líder;
- usar a "visão sistêmica";
- reconhecer os "gargalos" da empresa e como eliminá-los;
- ter as oito atitudes fundamentais necessárias a um gestor.

Mente Próspera
Desenvolva uma mentalidade para atrair riquezas infinitas
IRH Press do Brasil

Há uma tendência geral no mundo de não ver com bons olhos qualquer pessoa que alcança o sucesso e constrói sua riqueza. Isso se deve, em parte, aos ensinamentos pregados pelas antigas religiões e às ideologias de esquerda. No entanto, o autor afirma: "O dinheiro que proporciona felicidade às pessoas é um bem". Não há nenhum problema em querer ganhar dinheiro se você está procurando trazer algum benefício à sociedade. Para tanto, Okawa apresenta orientações valiosas: a atitude mental de "não rejeitar a riqueza", a filosofia do "dinheiro é tempo", como manter os espíritos da pobreza afastados, as regras para atrair a riqueza, aproximar-se do Deus da Riqueza, entre outros.

• OUTROS LIVROS DE RYUHO OKAWA •

SÉRIE FELICIDADE

O Caminho da Felicidade
Torne-se um Anjo na Terra
IRH Press do Brasil

Aqui se encontra a íntegra dos ensinamentos das Verdades espirituais transmitidas por Ryuho Okawa e que serve de introdução aos que buscam o aperfeiçoamento espiritual. Okawa apresenta "Verdades Universais" que podem transformar sua vida e conduzi-lo para o caminho da felicidade. A sabedoria contida neste livro é intensa e profunda, porém simples, e pode ajudar a humanidade a alcançar uma era de paz e harmonia na Terra.

Manifesto do Partido da Realização da Felicidade
Um Projeto para o Futuro de uma Nação
IRH Press do Brasil

Nesta obra, o autor declara: "Devemos mobilizar o potencial das pessoas que reconhecem a existência de Deus e de Buda, além de acreditar na Verdade, e trabalhar para construir uma utopia mundial. Devemos fazer do Japão o ponto de partida de nossas atividades políticas e causar impacto no mundo todo". Iremos nos afastar das forças políticas que trazem infelicidade à humanidade, criar um terreno sólido para a verdade e, com base nela, administrar o Estado e conduzir a política do país.

Ame, Nutra e Perdoe
Um Guia Capaz de Iluminar Sua Vida
IRH Press do Brasil

O autor traz uma filosofia de vida na qual revela os segredos para o crescimento espiritual através dos Estágios do amor. Cada estágio representa um nível de elevação no desenvolvimento espiritual. O objetivo do aprimoramento da alma humana na Terra é progredir por esses estágios e desenvolver uma nova visão do maior poder espiritual concedido aos seres humanos: o amor.

Convite à Felicidade
7 Inspirações do Seu Anjo Interior
IRH Press do Brasil

Este livro convida você a ter uma vida mais autêntica e satisfatória. Seus métodos práticos o ajudarão a criar novos hábitos e levar uma vida mais despreocupada, completa e espiritualizada. Por meio de sete inspirações, você será guiado até o anjo que existe em seu interior – a força que o ajuda a obter coragem e inspiração e ser verdadeiro consigo mesmo. Você vai conhecer a base necessária para viver com mais confiança, tranquilidade e sabedoria: *exercícios* de

• Outros livros de Ryuho Okawa •

meditação, reflexão e concentração respiratória fáceis de usar; *visualizações* orientadas para criar uma vida melhor e obter paz em seu coração; *espaços* para você anotar as inspirações recebidas do seu anjo interior; *dicas* para compreender como fazer a contemplação; *planos* de ação simples, explicados passo a passo.

Curando a Si Mesmo
A Verdadeira Relação entre Corpo e Espírito
Editora Cultrix

O autor revela as verdadeiras causas das doenças e os remédios para várias delas, que a medicina moderna ainda não consegue curar, oferecendo não apenas conselhos espirituais, mas também de natureza prática. Seguindo os passos aqui sugeridos, sua vida mudará completamente e você descobrirá a verdade sobre a mente e o corpo. Este livro contém revelações sobre o funcionamento da possessão espiritual e como podemos nos livrar dela; mostra os segredos do funcionamento da alma e como o corpo humano está ligado ao plano espiritual.

A Verdade sobre o Mundo Espiritual
Guia para uma vida feliz
IRH Press do Brasil

Este livro abrange todo tipo de conhecimento espiritual e pode ser considerado um manual valiosíssimo para encorajar você a dar um passo adiante e explorar esse verdadeiro país das maravilhas que é o mundo espiritual. Espero de coração que as informações contidas neste livro se tornem senso comum no século XXI.

Escrito no formato de perguntas e respostas, este livro vai ajudá-lo a compreender questões importantes como:

- O que acontece com as pessoas depois que morrem?
- Qual é a verdadeira forma do Céu e do Inferno?
- Se Deus existe, por que Ele não destrói o Inferno?
- O que é preciso fazer para voltar para o Céu depois da morte?
- O tempo de vida de uma pessoa está predeterminado?

A Essência de Buda
O Caminho da Iluminação e da Espiritualidade Superior
IRH Press do Brasil

Este guia mostra como viver com um verdadeiro propósito. Traz uma visão contemporânea do caminho que vai muito além do budismo, para orientar os que estão em busca da iluminação e da espiritualidade. Você descobrirá que os fundamentos espiritualistas, tão difundidos hoje, na verdade foram ensinados por Buda Shakyamuni e fazem parte do budismo, como os Oito Corretos Caminhos, as Seis Perfeições e a Lei de Causa e Efeito e o Carma, entre outros.

O Ponto de Partida da Felicidade
Um Guia Prático e Intuitivo para Descobrir o Amor, a Sabedoria e a Fé
Editora Cultrix

Neste livro, Okawa ilustra como podemos obter a felicidade e levar a vida com um propósito. Como seres humanos, viemos a este mundo sem nada e sem nada o deixaremos. Podemos nos dedicar à aquisição de propriedades e bens materiais ou buscar o verdadeiro caminho da felicidade – construído com o amor que dá, que acolhe a luz. Okawa nos mostra como alcançar a felicidade e ter uma vida plena de sentido.

As Chaves da Felicidade
Os 10 Princípios para Manifestar a Sua Natureza Divina
Editora Cultrix

Neste livro, o mestre Okawa mostra de forma simples e prática como podemos desenvolver nossa vida de forma brilhante e feliz neste mundo e no outro. O autor ensina os dez princípios básicos – Felicidade, Amor, Coração, Iluminação, Desenvolvimento, Conhecimento, Utopia, Salvação, Reflexão e Oração – que servem de bússola para nosso crescimento espiritual e nossa felicidade.